现在，我们比历史上任何时期都更接近实现中华民族伟大复兴的目标，比历史上任何时期都更有信心、更有能力实现这个目标。

——习近平 2012 年 11 月 29 日参观《复兴之路》展览时的讲话

暨南卓越智库（15JNZK04）

Market-Oriented Development

向市而生

刘金山　著

暨南大學出版社
JINAN UNIVERSITY PRESS

中国·广州

图书在版编目（CIP）数据

向市而生/刘金山著．—广州：暨南大学出版社，2016.10
ISBN 978 - 7 - 5668 - 1932 - 1

Ⅰ.①向…　Ⅱ.①刘…　Ⅲ.①中国经济—文集　Ⅳ.①F12 - 53

中国版本图书馆 CIP 数据核字（2016）第 217932 号

向市而生
XIANG SHI ER SHENG
著者：刘金山

出版发行：暨南大学出版社（510630）
电　　话：总编室（8620）85221601
　　　　　营销部（8620）85225284　85228291　85228292（邮购）
传　　真：（8620）85221583（办公室）　85223774（营销部）
网　　址：http://www.jnupress.com　http://press.jnu.edu.cn
排　　版：广州市天河星辰文化发展部照排中心
印　　刷：广东省农垦总局印刷厂
开　　本：787mm×960mm　1/16
印　　张：18
字　　数：230 千
版　　次：2016 年 10 月第 1 版
印　　次：2016 年 10 月第 1 次
定　　价：42.00 元

（暨大版图书如有印装质量问题，请与出版社总编室联系调换）

前　言

一、理性之光

生产马铃薯与生产哲学，有什么不同吗？罗宾斯 1932 年在《经济科学的性质和意义》一书中问道。懂经济学的人当然知道答案：没什么不同，都是稀缺资源配置问题，都是选择问题。从此，经济理性之光照耀，人们对"经济学究竟是不是一门科学"的争议渐渐消失。

经济理性的前台是市场交易。市场交易，是历史发展隐而不见的真正动因，而不论历史处于何阶段、何类型。人们常说，资本永远向"市"而生，作为促进经济发展强大动力的资本逻辑是现代社会资源配置的最有效方式。碰到问题，重要的不是斩断资本链条，而是如何驾驭资本。不仅资本如此，人人都是如此，只不过表现形式不同罢了。

二、豁然开朗

我是一个幸运的人，伴随着改革开放和市场化改革而成长、学习、工作。

1990 年我到兰州大学学习经济学。在政治经济学课堂上，老师讲到承包制、农村家庭联产承包制，让我联想起了 20 世纪 80 年代初，河南老家秋天田野里孩子们的笑声，因为孩子们可以放开肚皮吃花生了。在此之前，花生对我们来说，是奢侈品，只有逢年过节招待客人时才能吃到。而实行家庭联产承包制之后，家家户户都种了花生。天还是那样的天，地还是那样的地，人还是那样的人，为什么前后差别如此大呢？这就是承包制的力量！

从那时起，我就感受到了经济学的力量。1994 年我继续在兰州大学读硕士，恰好这一年通货膨胀率超过 21%，但没有发生抢购风潮。而 1988 年通货膨胀率 18% 左右时，全国却发生了抢购风潮，我家邻居光灯泡就买了 100 多个。为什么会这样？我开始思考宏观问题。

1997 年我到中国人民大学国民经济学专业读博士，恰逢发端于 1997 年 7 月 2 日泰国放弃联系汇率制的东亚金融危机发生，索罗斯攻击完泰国不久，调转枪头攻击香港市场。我当时只是观察到现象，但不太懂其中的联系，在人大听了相关讲座，读了相关文献，请教了老师和同学，突然明白，开放视角如此重要，货币力量如此之大。十年之后，2008 年的金融危机，我就很快理解了其发生的传导机制。

2000 年 7 月我到暨南大学经济学院工作，没能享受到福利分房的好处，因为 1999 年底广州市停止了福利分房，我只差半年，好遗憾。但也预见到，这一巨大的体制改革必将催生一个巨大的住房市场。买房是一个必然选择，因为对我而言，房子是必需品。幸好，2004 年买了房，尽管要给银行打工（还按揭贷款）！否则，就要身陷房价滚滚洪流了！真是福祸相依！感谢经济学的力量！

回想整个过程，学习经济学，是一个渐悟与顿悟交替的过程。多读书、多观察、多思考，渐悟到一定时候，就会豁然开朗。

我的使命是为经济学布道，让学生体会到学习经济学的快乐！互联网时代，只有90后才懂90后！富裕社会成长起来的人，和我们70后的思维方式是不一样的。但经济学的逻辑是不变的。经济学就是要研究最大化行为选择下经济变量之间的逻辑关系。时代变了，约束条件变了，我们要培养学生经济学的思维方式，厘清逻辑关系，让学生体会到经济学的理性之光。

三、宏观之基

我常常探索的问题是，宏观现象背后的微观基础到底是什么？行为主体到底是怎样行动的，怎样进行理性选择的？不摸清现象背后的真实情况，我们就无法面对快速发展、变化的社会。基于现象进行抽象提炼，是学者的本职工作。

这一理念，贯穿于我的学习、研究生涯，我对现实问题极其感兴趣，极其爱思考现实问题，极其爱到企业和城乡等不同地区调研。我也充分体会到了"读万卷书，行万里路"的快乐。通过发现现象背后的微观机制并试图解释或解决之，对于我来说真是一件快乐的事情！

走进现实，和产业工人、村民聊聊天，和企业家谈谈发展大势，和政府官员探讨政策效应，甚至有时候因观点不同而有所争论，都是一种收获、一种思考、一种进步。

四、珠水论道

云山珠水花城，广州五羊生辉。珠水畔，暨南园。经济学布道，学子在前行。因缘际会，一只看不见的手在牵引着，结识了《南方日报》《羊城晚报》《广州日报》《广东地方税务》（内部发行）等平台，思想的点点滴滴，逐步得以展现。通过这些平台，布道的"合作秩序"不断拓展。感谢这些平台，让我的思想空灵有了图腾的广阔天地。

　　本书收录了我 2004 年以来在各类媒体上发表的短文，也包括部分参加座谈会的短论。收录时，部分短文题目有所调整，但内容是原汁原味的。这些内容记录了我思考、成长的过程。随着时间的推进，思考逐步逻辑一致或有了质的飞跃。有些观点，时过境迁，再去看看，颇有一番韵味，而不陷入"对与错"的二元论。

　　当思想的空灵图腾时，感谢批评我的人，感谢赞扬我的人，感谢支持我的人，感谢与我争论的人，感谢一切与我交往的人！三人行，必有我师！每一个点滴的经历，都是宝贵财富，都促使我思考，使我进步！

　　思想在远行，因为山在远方！

刘金山
2016 年 8 月

目 录

第一篇　市场之美

我们得到的晚餐并不是因为屠夫、酿酒商或面包师的仁慈，而是因为他们对自身利益的关心。

我们不是向他们乞求仁慈，而是诉诸他们的自利之心，从来不向他们谈自己的需要，而只是谈对他们的好处。除了乞丐之外，没有人完全依靠自己的同胞们的仁慈来生活。

每个人不断地努力为他自己所能支配的资本找到最有利的用途。固然，他所考虑的不是社会的利益，而他对自身利益的追求自然会或者毋宁说必然会引导他选定最有利于社会的用途。

——亚当·斯密　1776 年《国富论》

1. 理解市场经济①

党的十八届三中全会指出，经济体制改革是全面深化改革的重点，核心问题是处理好政府和市场的关系，使市场在资源配置中起决定性作用和更好地发挥政府作用。这对引领社会各界正确认识、理解、运用市场规律，具有决定性的作用。

1978年十一届三中全会以来，我们经历了35年"摸着石头过河"的市场化改革，1992年以来，我们经历了21年目标明晰的社会主义市场经济体制建设。但政府与市场关系的争论仍不时响起，有些符合争论逻辑，有些不符合争论逻辑，尤其是在某项制度改革的关键时刻，这些争论（尤其是不符合争论逻辑的争论）往往延误了改革，错过了改革最好的时机。出现这一现象的实质，是我们对市场经济的理解存在偏差，没有形成对市场经济的共识，"市场"还没有在人们心中形成一种常识。因此，我们常常看到，一些人以市场的名义反对市场，以改革的名义反对改革。

的确，从改革意义上讲，我们从传统计划经济体制迈向市场经济体制的过程中，有些认识、观念难以革除，心中"行政主导"的小辫子还难以剪掉，基于利益博弈的、与市场难以融合的部分陈腐理念还不时回归。从

---

① 本文发表于2013年11月18日的《南方日报》上。

发展意义上讲，我们从落后经济逐步走向发达经济的过程中，没有经历，没有实践，就不可能形成对市场的感知、对市场的共识；在初步经历、初步实践的过程中，我们才能认识到市场经济是怎样运行的。从改革意义与发展意义的双重转型来看，我们到了必须形成市场共识的关键时刻。如果在未来时期，市场是一件很自然的事，如同吃饭一样，我们有了市场共识，生活在市场之中，也就没有无谓的争论了。回望过去三十多年的历史，可以说，我们经历了市场的启蒙阶段，经过了市场的初步历练，目前到了我们深入理解市场、建设市场的关键时刻。与此同时，通过市场化引领工业化，我们经历了工业精神的启蒙，目前到了工业化进程的关键阶段。

十八届三中全会强调市场的决定性作用，需要我们正确理解市场的决定性作用，需要我们回到市场的本原：为什么要实行市场经济制度？市场经济是如何起作用的？怎样发挥市场经济的作用？

任何社会都需要解决两大问题：一是稀缺的资源如何有效配置，如何符合社会偏好而不浪费；二是如何激发社会成员的积极性，如何激励每一位成员奋发图强、积极工作而不会造就一批懒人、闲人、庸人。解决这两大问题，不同的经济制度有着不同的效果。在人类发展的历史长河中，各种经济制度一直在竞争，最终优胜劣汰。没有效率的经济制度，必将退出历史舞台。人类社会发展迄今，市场经济制度虽然不能说是最好的，但至少可以证明是比较有效率的。这是为什么发达国家（地区）选择市场经济制度的关键所在，也是我们经历探索之后选择市场经济制度的关键所在。

市场经济的核心功能在于通过市场价格信息的有效利用，引导理性行为主体把稀缺的资源配置到符合社会偏好上去。符合社会偏好，资源配置有效，理性行为主体就有利可图，福利就会增加；否则就是浪费，就无利可图，福利就会损失。在这一过程中，自由选择的行为主体自由决策，决策的结果自行承担。理性行为主体要想福利最大化，就要为社会提供有用的产品和服务，使其他理性行为主体的福利增加。正所谓，通过使别人幸福，实现自己的幸福，这就是市场经济的激励相容。这就是市场经济功能的作用过程，也就是市场决定性作用的实现过程。市场决定性作用的最终目标，就是要塑造一个好的社会，一个人们通过市场平等发生联系的社会。

如何有效发挥市场经济的核心功能？巧妇难为无米之炊，巧妇也难为无锅之炊。市场就是这只"锅"，通过资源配置产出各种各样产品和服务的"锅"。对于还在进行双重意义转型的我国而言，需要"更好发挥政府作用"。政府的关键作用在于市场增进，包括培育市场体系、完善市场功能、弥补市场失灵。理性行为主体突破地域和血缘的限制，通过市场实现人类合作秩序的拓展。正是通过市场的培育和建设，各类要素得到合理的市场估价，各类行为主体的经济活力才可能得到释放。正所谓：市场无限，合作无限，活力无限。

许多人常常把市场化进程中出现的问题归结为市场的错，是过度市场化的错，是市场原教旨主义的错。其实他们怪错了对象，他们没有认识到，市场实际上还没有成熟、成长起来。"锅"还没做好，怎能把饭烧煳了？因此，我们不能因为在市场化过程中出现了一些问题，就反对市场，反对改革。我们需要的是激情，是义无反顾地投身到市场建设中；我们需要的是理性，是深入理解、正确认识市场经济运行的本质。

市场配置资源的决定性作用和更好发挥政府作用，是辩证统一的，是互为一体的。市场有了相对成熟的传导机制，政府政策才有可能进行有效传导从而达到预期的政策目标。

理解市场经济，这不仅是贯彻落实十八届三中全会精神的要求，更应该成为我们出于本能的自觉行动，因为我们生活在市场之中，现在如此，未来也是如此。

2. 市场决定价格的目标是形成好的社会①

十八届三中全会《中共中央关于全面深化改革若干重大问题的决定》
（以下简称《决定》）关于经济体制改革的主线是："紧紧围绕使市场在资
源配置中起决定性作用深化经济体制改革。"市场配置资源的决定性作用，
未来时期将贯穿经济社会改革的方方面面。关于这一主线，《决定》在各个
领域都进行了直接或间接的顶层框架设计和具体路径设计。但其中最为核
心的是《决定》所提出的："完善主要由市场决定价格的机制。"

市场决定价格，这是市场经济最为核心的共识（而不是最为核心的共
识之一）。这一共识只有转化成为经济社会运行的主导机制，才是真正的市
场经济；否则，必将是伪市场经济。更为重要的是，市场配置资源的决定
性作用，通过"市场决定价格"的具体机制，将最终形成好的社会。

理解这一共识，让我们回到经济社会运行的基本问题：生产什么？生
产多少？怎样生产？为谁生产？在既定的约束条件下，这些问题解决得好，
人尽其才，物尽其用，各类社会需求尽可能得到满足，各类要素尽可能充
分利用，这将是一个好的社会，一个和谐的社会，一个分工与合作运行流
畅的社会。总之，这是一个资源配置有效率的经济社会运行系统。

---

① 本文发表于 2014 年 1 月 6 日的《南方日报》上。

　　然而，怎样实现这一目标呢？解决经济社会运行的基本问题的关键是知道基本问题背后所隐含的信息。任何行为主体都是有限理性的，都不可能是"至善"的，我们不可能有一个无所不知的权威机构，不可能基于建构理性来解决经济社会运行的基本问题。传统计划经济的低效率和僵化的运行方式，充分证明了这一点。

　　我们只能基于演进理性来解决经济社会运行的基本问题。演进理性的核心在于：顺应规律，因势而动。有什么能够反映信息，而且能够相对准确、及时并不断根据情势变化动态反映信息？我们没有一个最优的选择，也不可能有一个最优选择。但市场价格能够相对有效率地反映信息。我们常说，价格是市场经济运行的核心指标，其潜台词是：价格是一面镜子，把市场中的一切信息都反映在其中；市场价格的变动，意味着信息的变动，意味着行为主体决策的变动，意味着资源配置的变动。

　　市场决定价格的机制，基于最基本的经济学理论：需求供给决定价格、成本收益决定成败。供求关系是最基本的市场关系，自由决策的需求者的资源配置与自由决策的供给者的资源配置决定着市场价格及其变动趋势；这反过来决定着行为主体的成本与收益的理性计算。市场价格这只无形的手通过引导行为主体的理性决策，实现了资源有效配置。

　　更为重要的是，每一个行为主体都在为市场提供产品与服务，通过市场，可以突破血缘、宗法、地域等方面的限制而相对平等地合作，实现人类合作秩序的拓展；市场又成为检验产品和服务的过滤器，适者生存、优者生存，资源配置符合社会需要，福利最大化，浪费最小化。这是一个好的社会的基本体现。

　　更进一步讲，市场决定价格，将形成激励相容的社会运行机制。每一个人为了获得幸福（福利最大化），需要很好地为市场（他人）工作以获得报酬，通过使别人幸福而使自己幸福。倘若如此，这将是一个激励相容的和谐社会，也是一个分配有序的社会。

市场决定价格的前提是充分竞争，竞争出效率。竞争的过程，实际上是利益主体博弈的过程，是价格动态调整的过程，是资源配置动态调整的过程。当前最重要的问题是破除行政性垄断（而不是市场性垄断），国有企业垄断的实质是行政性垄断，行政性垄断就是一种特权经济。特权是"市场决定价格"的天敌，特权是牺牲他人的幸福而使自己幸福。我们需要让真正的市场竞争发挥作用，无竞争，无市场，无效率。正如《决定》所提出的，"必须加快形成企业自主经营、公平竞争，消费者自由选择、自主消费，商品和要素自由流动、平等交换的现代市场体系"。

市场决定价格，意味着价格就是权威，任何行为主体不可能替代这一权威。因此，价格政策首先要顺应市场基本规律。正如《决定》所提出的"凡是能由市场形成价格的都交给市场，政府不进行不当干预"。价格干预要慎行，实践表明价格干预的初衷往往是好的，但其结果往往是坏的。政府的最高限价，往往以保护消费者利益的名义损害了消费者的利益，造成了排队、走私等现象；政府的最低限价，往往以保护生产者的利益损害了生产者的利益，造成了产品过剩等现象。价格干预，也要有负面清单。"法不禁止即自由"，在负面清单之外，一切皆由市场说了算。

其实，一切经济问题，都是利益问题。一切利益问题，都是价格问题。一切价格问题，都是选择问题。一切选择问题，都是资源配置问题。市场起决定性作用，价格则由市场决定，此乃题中之义，放之四海皆如此，无须争议，更不能强词夺理。

3. 提升市场化的"质"①

　　2011 年 1 月，广东省委十届八次全会通过的关于"十二五"规划的建议提出要着力深化改革开放，推进体制机制创新。其中特别强调，要进一步完善市场机制。这是抓住了广东转型升级的动力源泉。在人类历史的长河中，尤其是在各种制度的博弈与竞争中，市场机制不一定是最好的，但迄今为止，却是最有效率的。从长时段来看，不存在市场机制不发达而经济发达的国家（地区）的案例。

　　广东经济成长的过程，是市场机制生根、发芽、茁壮成长的过程。改革开放以来，广东经济由"小"到"大"，未来面临的关键问题是如何实现由"大"到"强"。与之相伴随的是，广东市场化改革先行先试，市场机制从"无"到"有"，未来面临的关键问题是如何实现从"有"到"好"。市场机制"好"的实现，就意味着广东经济"强"的到来。

　　市场机制的核心在于有效配置资源。有效配置的核心在于对经济活动的理性计算。理性计算的核心在于形成一套完善的市场价格体系及相关支持系统。这套市场价格体系的形成，意味着一切皆可定价，而无论何时何地，即定价可以跨越时空。与之相随，资源可以跨越时空进行配

---

① 本文发表于 2011 年 3 月 28 日的《南方日报》上。

置，这将空前解放生产力，突破制约经济社会发展的收益递减规律，实现收益递增。提升市场化的"质"就在于形成系统、完善、全面的价格体系。

改革开放以来，市场化改革的次序是先商品市场化，后要素市场化。要素市场化程度相对滞后，这是广东乃至中国面临的一个关键问题，也是提升市场化的"质"的关键领域。要素市场化抑或要素市场价格体系的形成，需要认识的深化、实践障碍的清除与科学规则的快速实施。

资本市场是完善市场机制的核心。资本市场的实质在于，用未来的收入流作抵押，募集资本从事现在的经济活动。用经济学的术语，叫"贴现"；用通俗的话说，叫"我拿今天赌明天"。资本市场的发育，是要素市场化的核心环节，因为资本市场可以跨越时空，盘活一切资源。更为重要的是，在盘活资源的过程中，会形成一套可行的市场价格体系。

对于广东而言，资本市场是软肋，是转型升级的薄弱环节之一。回顾历史，我们发现，每一次世界制造中心的变迁，必然有一个强国（区）的出现，世界工厂以其强大的生产影响力和市场影响力推动着该经济体的快速成长。表现之一就是世界工厂升级为世界市场价格中心，"生产权"上升为"价格话语权"。当前，世界制造中心在中国，中国制造中心（一定程度上）在广东。但广东的"生产权"没能上升为"价格话语权"，其关键环节在于资本市场发育滞后。三十多年来，广东的产业模式是"加工制造"；未来时期，广东的产业模式必将是"金融＋制造"。这是经济全球化与金融全球化背景下不以广东意志为转移的事情，是广东不得不面对的事情。因此，我们一定要把资本市场的发展提升到事关广东发展攸关的战略高度。广东省委十届八次全会提出，要大力发展多层次资本市场。正当其时，时不我待。这一点，亟须真正做出来。广东不需要与香港、上海争"国际金融中心"的名号，而需要踏踏实实把资本市场的微观基础塑造好、运作机理把握好，让能进入市场的都进入市场，把资本市场的"细胞"培育出来，通过市场的演进理性实现广东的转型升级。

广东省委十届八次全会还提出，要深化资源性产品价格和要素市场价格改革。这是广东主动化解压力、迎接挑战的积极声音。要素会逐步全面地进入市场，这是不可避免的。要素成本上升，也是不可避免的。在全球化背景下，资源性产品的稀缺性更加凸显。资源性产品的市场化定价，是市场机制成熟的重要表现之一。

广东是资源输入大省，资源性产品的市场化定价是广东必须面对的问题。这既是广东转型升级的一个硬外部约束，也是广东需要积极主动解决的一个问题。

广东目前拥有在国内外具有一定影响力的大宗产品交易市场，部分专业市场已经起到价格风向标的作用。广东应借助这种市场优势和省内产业集群较为发达的优势，形成具有影响力的资源性产品交易市场，既包括现货市场又包括期货市场，进而形成资源性产品的市场化定价机制。

广东省委十届八次全会还进一步提出，要创造良好的法治环境和营商环境，这是完善市场机制的根本保障。发达国家的历史实践表明，以规则为基础的法律制度具有规模经济效应。全面系统的法律制度能够提供高预期性与可计算性，使得经济社会的一切活动都是可计算的。这对于市场所追求的"合作秩序"的拓展，对于形成完善的价格体系，是必不可少的。

转型升级，建设幸福广东，根基在市场机制，保障在法治环境。而这种法治环境的核心在于，使法律成为行为主体理性计算面临的一种硬约束，通过法律意识，形成一种氛围，这对保护广东的企业家精神和吸引全球的企业家人才至关重要。广东目前所拥有的地方性的行政权、立法权、司法权，要紧紧围绕法治的可预期性和可计算性科学用权，并借助毗邻港澳台的地缘优势争取"扩权"，促进转型升级。

　　增创市场经济新优势，必须抓住重点，提升市场化的"质"，广东必须前行！

4. 要素市场化的"质"①

市场化是中国改革开放的起点，经过了"摸着石头过河"的探索阶段，在1992年"春天的故事"之后改革目标明确指向"社会主义市场经济体制"。三十多年来，我们建立了相对丰富的市场形态与相对完善的市场体系。未来时期，如何看待改革？2012年7月23日，胡锦涛总书记在省部级主要领导干部专题研讨班开班式上的重要讲话明确指出，改革开放始终是推动党和人民事业发展的强大动力，我国过去三十多年的快速发展靠的是改革开放，我国未来发展也必须坚定不移依靠改革开放。可见，改革开放是一项永恒的事业。

未来时期，改革开放的使命是为中国经济由"大"变"强"提供可持续的动力。此刻，我们需要回答一个至关重要的问题：改革向何处去？胡锦涛总书记的讲话指出，着力激发各类市场主体发展新活力。如何激发新活力？我们需要回到市场化进程的基本规律之中寻求答案。

改革开放以来，市场化改革的次序是先商品市场化，后要素市场化。中国的市场化改革是从商品价格改革和商品流通改革开始的。价格是市场经济的核心变量，商品价格改革激励了生产力的大发展。早进入市场早受

---

① 本文发表于2012年8月20日的《南方日报》上。

益，一批从事商品流通的人先富了起来，出现了"造原子弹的不如卖茶叶蛋的"等"脑体倒挂"现象。这一现象的实质是要素没有进入市场。

1992 年以后，建设市场经济体制的微观基础是建立现代企业制度，这需要要素逐步进入市场，知识、技术、信息、资金逐步市场化。随着"脑体倒挂"现象的产生，要素逐步通过市场实现了其价值。只有要素全面市场化，才能激发市场主体的活力，才能丰富市场形态和市场体系。

要素市场化，其实质是要素所有者突破时间与空间的限制，实现人类合作秩序的拓展。只有这样，才能形成强大的经济组织。马克思对此有生动的评述："假如必须等待积累去使某个单个资本增长到能够修建铁路的程度，那么恐怕直到今天世界上还没有铁路，但是，通过股份公司转瞬之间就把这件事完成了。"

突破时空限制，把要素连接起来的途径是资本化。资本化，是把要素（或资源）转化为资本，即把政府未来财政收入流、企业资产（有形资产和未来收入流）、土地等自然资源、劳动者未来收入流等，通过产权化、证券化等形式，转变成可流通的资本，转变为"活钱"，即可以现在用的钱。比如国债，就是政府以未来财政收入流作抵押，募集资金，相当于把明天的钱盘活，拿到今天花。

第一次工业革命发生在英国的一个重要原因是，政府通过发行国债借款来扶持民族工业发展，而不受短期内税收水平的限制。历史学家理查德·爱伦贝格曾说，"如果不是在 1693 年到 1815 年期间发行了 9 亿英镑的国债，英国就不可能成为今天的大不列颠帝国，不可能把半个地球征服在脚下"。

美国的财富能够以比其他国家快得多的速度创造更多新的财富，重要原因在于美国有着让任何资产、任何未来收入流都能提前变现的资本化体系。

要素进入市场，只是要素市场化的起点。要素资本化，盘活一切可以盘活的资源，形成一个对内对外皆开放的经济体系，发挥规模经济的优势，才能促进经济组织突破收益递减规律的限制，实现收益递增，实现跨越式发展。

要素资本化的一个重要功能是优化风险配置，把经济活动的风险分解开来，让那些愿意并且能够承担风险的行为主体来承担。要素资本化，需要对经济活动的成本收益进行理性计算，需要可计算、可预期的社会环境——规则。只有在产权清晰、产权与契约权利得到可靠保护的情况下，要素才可以被资本化。

要素资本化的金融体系及相关的核算、财务、统计、会计、审计、契约监督和司法等制度，构成一个支持系统。工业革命以来的历史实践表明，以规则为基础的法律制度具有规模效应。孟德斯鸠在《论法的精神》中说，英国的立法机构得到举国信赖，使其能利用信用把虚幻变成现实。日本明治维新的一个重要支柱是采用了西方的法律制度，从宪法到商法，乃至会计法和公司法。

法律是利益的分配文书。法律只有被信仰，才能称之为法律。被信仰的法律，才能激发"有恒产者有恒心"的市场主体活力和创新精神。

广东是中国经济的三大增长极之一。率先构建支撑中华民族伟大复兴的可持续机制和微观基础，是广东转型升级的历史使命。在商品市场化相对成熟、要素市场化深入推进的情况下，广东要继续谋求市场经济的制度红利，必须要紧紧抓住要素资本化这一环节，通过要素市场化，激发市场主体发展的新活力。这里需要形成一个理念：一切企业，无论其产品或服务的功能有何特殊性，从资本化意义上讲，都可以是社会企业或公众企业，都可以通过资本化途径利用一切可用的资源。突破思想的樊篱，才能发挥开放社会的活力。

5. 转方式应首倡市场理性①

　　汪洋同志说过，在推进经济发展方式转变过程中要处理好市场手段与政府调控的关系，坚持以市场机制为重。这是经济发展方式转变的重大命题。转变经济发展方式，就是要回到经济发展的基本规律上。转变经济发展方式，不是回归到政府主导一切的建构理性，而是要回到符合历史发展规律的演进理性。寻求资源配置最优化的市场机制，是演进理性的集中体现。转变经济发展方式，应该首先提倡市场理性。

　　理性计算的硬约束效应。转变经济发展方式，目的在于优化资源配置，提高资源使用效率，谋求以最小的成本实现最大的产出。这是市场经济的理性计算，对企业是如此，对整个经济社会系统亦是如此。每一个行为主体，都要在既定的约束条件下，通过理性计算进行选择，谋求最大化的收益。理性计算的前提是预算硬约束，而不是预算软约束。政府财政预算硬约束，才会提高财政资金效率，公共服务才会到位，纳税人缴税的动力才会持续不衰。企业成本预算硬约束，才会优化生产要素组合，才能形成真正的优胜劣汰的竞争机制。传统体制下，因政府的"父爱主义"而对国有企业形成的预算软约束，导致企业效率低下的场景比比皆是，无须赘述。

---

　　①　本文发表于 2010 年 9 月 27 日的《南方日报》上，2010 年 11 月 2 日被《新华日报》转发。

转变经济发展方式的过程，就是全社会理解并自觉接受市场理性计算的过程。所谓"市场不相信眼泪"，就是说硬约束条件下的理性计算不得不接受。

"创造性破坏"的企业家精神。经济发展的持续动力，在于实现市场理性计算的动态最优化，不在于短期，不在于一时。然而，收益递减规律是一个社会、一个企业不得不面对的问题。收益递减是经济发展方式不变条件下存在的必然规律。只有突破了收益递减规律，才能实现经济社会的持续发展。纵观世界经济发展史，许多国家或地区曾经辉煌一时，但都没能突破经济发展中收益递减规律的制约。转变经济发展方式，实际上是一种"创造性破坏"，是一种扬弃，是寻找与构建收益递增机制的必然结果。这种"创造性破坏"的收益递增，是靠企业家精神才能完成的。发达国家的历史告诉我们，大国的崛起，就是公司的崛起。公司是经济社会进步的力量。而在每一家公司的成长与做强做大的过程中，企业家起着至关重要的作用。创新是企业家的灵魂，早在20世纪初，著名经济学家熊彼特就告诉我们，企业家的创新精神，"创造性破坏"的周期性出现，是经济发展的常态和持续动力。企业家精神是整个社会实现动态理性计算的集中体现。转变经济发展方式的过程，就是全社会理解、尊重并倡导企业家精神的过程。由此引申出，在当前背景下，让合法致富的富人更富，让合法致富的富人带穷人致富，实现中等收入者占社会阶层的绝大多数，将是更为符合社会理性计算的选择；此时，切不可采取平分"蛋糕"式的收入分配制度。改革开放以来，企业家精神的培育与释放，是三十多年广东经济社会快速发展的微观基础。在当前新的历史起点上，需要新一轮的先行先试，在更高层次上引导、培育企业家精神，夯实广东经济由"大"到"强"转变的微观基础。

规则的规模经济效应。市场理性计算需要有稳定的理性预期，在时刻充满着不确定性的环境中只能奢谈理性计算。工业革命最先在英国发生并取得成功，最重要的原因之一是形成了有效的法律意识和法律制度。历史实践表明，以规则为基础的法律制度具有规模经济效应。一套法制化的、公开透明的并以独立的第三方执法的法律制度或许在开始建立时成本很高，却能够展示出强大的规模经济效益，并能支撑更大规模的交易活动，且有助于超越内部团体的大规模的非人格化（非关系型）的交易活动的产生。其所主张的程序正义，能够提供高预期性与可计算性的法律结局。全面系统的法律制度，是经济发展的支持系统，也是理性计算硬约束的集中体现。这个支持系统使得经济社会的一切活动都是可计算的。由于这种可计算性，经济活动中的各种不确定性成为可以处理的事情。转变经济发展方式的过程，就是全社会形成、理解、自觉遵守并尊重、信仰社会规则的过程。所谓"不能既当裁判员，又当运动员"，就是转变经济发展方式的必然表现和结果。广东三十多年的体制改革探索，释放了巨大的产出效应，是规则的规模经济效应的体现。未来时期，广东需要更为全面的规则支持系统，才能发挥更大的规模经济效应。

市场理性表明，当前劳资关系是从属矛盾，主要矛盾是产品价格与要素成本的矛盾。价格是一面镜子，反映了一个经济体的地位。统计表明，近年来，广东工业品产出价格缓慢上升，广东企业是产品价格的被动接受者；而同时，资本要素价格却快速上升，广东企业同样是资本要素价格的被动接受者。广东企业只能被动接受产出价格和资本要素价格，导致企业陷入利润困境和工资困境。广东这样一个区域的无奈，彰显出中国这样一个发展中大国的无奈。出路在于：提高产品产出价格，增强市场定价的影响力。这需要政府的支持，需要行业协会自组织能力的增强，更需要企业逐步做强做大。企业利润空间进一步扩大，将能理顺和夯实劳资关系基础。当前的主要任务，还是要把"蛋糕"进一步做大。中等收入者是"生产"出来的，而不是"分配"出来的。因此，分配制度改革要形成正和博弈的局面，不要形成零和博弈或负和博弈的局面。着眼于生产的分配制度改革，是市场理性计算的必然要求。

转变经济发展方式，就是要回到经济的本原，回到市场理性。通过市场理性，解决人类社会面临的基本问题，即生产什么？生产多少？怎样生产？为谁生产？这是通往富裕、和谐社会的必由道路。

6. 谋求市场经济的制度红利①

　　在全球经济社会大转型和中国经济社会谋求科学发展的历史背景下，汪洋同志在广东省第十一次党代会上的报告《坚持社会主义市场经济的改革方向，加快转型升级建设幸福广东》，既是对广东经济社会发展历史的总结和未来图景的谋划，也是对全球转型和中国科学发展的一种探索。报告的主题鲜明：坚持社会主义市场经济的改革方向，加快转型升级，建设幸福广东。社会主义市场经济的改革方向是旗帜，改革开放是动力，转型升级是路径，幸福广东是目的，其中动力至关重要。报告指出，广东取得今天的成就，主要得益于市场取向的改革所形成的体制竞争力。

　　经过三十多年的市场化改革，我们能否继续谋求市场经济的制度红利？关于这一问题，近年来社会各界颇有争论。

　　是否存在制度红利，关键在于：我们处在市场经济的哪个阶段？对此，报告的两个判断至关重要。第一个判断是：必须看到，社会主义市场经济体制改革尚未完成。这表明，市场经济体制基本框架、关键环节、支持系统还有待完善，我国市场经济制度还有很大的改进空间。这些空间的改进，将释放巨大的经济发展效应。第二个判断是：广东与全国一样，仍处于并

① 本文发表于 2012 年 6 月 11 日的《南方日报》上。

将长期处于社会主义初级阶段。这表明，广东虽然是先行先试者，但广东的改革开放之路依然很漫长。邓小平同志曾指出，社会主义初级阶段，需要几代人、十几代人甚至几十代人的努力才能完成。这表明，建立市场经济体制，我们不可能用几十年走完西方国家数百年所走的历程。坚持社会主义市场经济的改革方向，依然具有强大的制度红利。

谋求市场经济的制度红利，绕不开政府和市场的关系。随着经济社会转型的逐步推进，人们对政府与市场关系的认知，逐步超越"替代"理念，演进到"互补"关系，即政府与市场应该"握手"，政府的职能在于增进市场、完善市场功能与丰富市场体系。

实践表明，我国改革开放的进程是政府不断增进市场的过程。从靠"摸着石头过河"的增量改革，到远景目标明晰情况下不断成熟的市场机制有效配置资源的路径探索，都体现着政府与市场的"握手"。这一"握手"得到的是制度红利：天还是这样的天，地还是这样的地，人还是这样的人，但生产力极大提高了。

当前社会主义市场经济的改革方向在于：政府要继续增进市场，推进市场经济体系的成熟与完善。

市场经济最大的制度红利是突破空间、时间、血缘、地缘等限制，实现人类合作秩序的拓展。其前提是具有基于理性计算的微观行为主体。此刻，我们社会主义市场经济改革的重点，应是夯实市场经济的微观基础和支持系统。在此，强调三点：

一是中小微企业。中小微企业是市场经济的重要组成部分。中小微企业要能生可长。能生，即用注册制代替审批制。报告指出，加快以备案制为主的企业投资管理体制改革，积极探索"宽入严管"的企业登记管理新体系，降低市场准入成本，这一点很重要。可长，即降低税负，英国的经验值得借鉴。英国的小商店形成强大的竞争力，使得 1815 年拿破仑败于这个被他称之为"小店主国家"的国家。由于超市发展威胁社区小商店的生存，进入 21 世纪以来，伦敦有 7 000 多家小商店消失，为了挽救社区小商店，2010 年英国政府出台对小商店（含小企业）的税收减免计划。广东能否有效地利用税收手段促进中小微企业快速发展，是一个亟待解决的问题。

二是企业家。现代企业制度的逻辑是尊重人格独立与个人利益，并以此为基础来设计组织和制度。公司是经济社会进步的力量，而在每一家公司的成长与做强做大的过程中，企业家起着至关重要的作用。企业家的创新精神，"创造性破坏"的周期性出现，是经济发展的常态和持续动力。企业家精神是整个社会实现动态理性计算的集中体现。中国企业转变的最大挑战是企业家本身。中国企业家要超越水浒式的江湖义气，去学习和拥抱商业文明。企业家的成长需要外部环境支持，但现在企业家面临司法风险和行政自由裁量权的侵害。报告指出，要着力构建法治为基、诚信为魂、效率为先、公平为本的社会主义市场经济。加强科学立法，加大规范市场经济秩序的立法力度，尤其要加强程序性法规的建设，保障规则公平、机会公平和权利公平，努力消除靠人情、关系办事的现象。这对于企业家精神的培育至关重要。

三是产业工人。工人是产业发展的基础环节。资本收入与劳动收入的比例均衡至关重要。发达国家资本收入约占三分之一，而我国是劳动收入约占三分之一。报告指出，建立健全利益相关群体之间，特别是工会与企业之间的协商制度；探索人民群众监督权力和资本运行的有效方式，规范权力和资本的行为。这对提高劳动收入份额具有重要意义。从长期看，应该让理工科本科生成为产业工人，但激励至关重要。总而言之，产业工人应成为中等收入者。

产业工人的成长，需要"有恒产者有恒心"。使外来工市民化或享受省民（市民）待遇至关重要。报告指出，遵循市场经济规律和社会发展要求，进一步破除地域、户籍等限制，调整完善经济、社会、文化政策，促进社会阶层之间的良性流动，防止社会阶层固化和"代际传递"。完善异地务工人员积分入户城镇、考录公务员、参加社会管理等制度，促进他们逐步融入所在城镇。如能实施以上政策，产业工人就不会"汹涌而来，澎湃而去"了。

7. 以市场决定性审视企业区位选择①

一个地区打造营商环境，最终目的是要集聚企业，要"稳存量，引增量"，即对已有的企业，要留住企业，要稳住企业家的心，要服务于企业做大做强；对外部企业，要具有吸引力，使企业愿意进入，或进行产业链拓展，或多元化运营。

留，还是不留；来，还是不来；这是一个问题。任何企业家，都会理性思考这一问题。求解这一问题的逻辑，从长期来看，必然是资本逻辑。其判断的唯一标准是，能否实现增值？天下熙熙，皆为利来；天下攘攘，皆为利往。基于成本收益分析的理性计算，是放之四海而皆准的法则。资本逻辑是市场逻辑的核心要义，要发挥市场在资源配置中的决定性作用，我们就必须尊重资本逻辑。

基于此，打造一流的营商环境，需要有一流的市场理念。我们需要以市场的决定性作用思考如何打造营商环境，审视企业如何进行区位选择。尤其是要重视企业如何根据产业或所在细分行业的全球格局变化，进行全球价值链布局的区域动态调整。

营商环境往往是政府所主导的事。此时，很容易出现政府替代市场，

---

① 本文发表于 2014 年 6 月 3 日的《南方日报》上。

甚至误导市场的行为。为了引进企业数量最大化或引资规模最大化，许多地方政府会出现"忽悠"企业的行为：进来前，承诺连连；进来后，承诺拖延，甚至承诺成为空谈。这是一种釜底抽薪式的行为，破坏了地区信用和地区品牌。

我们需要记住一句话，春江水暖鸭先知。企业家对市场变化是最敏感的。企业是离消费者近一些，还是离生产资源近一些？是离港口近一些，还是离车站近一些？是离上游产业链企业近一些，还是离下游产业链企业近一些？短期内企业需要什么，长期内企业需要什么？在企业生命周期的每一个阶段，需要什么？企业家必然有自己的权衡。地方政府的政策只是企业家权衡中的一部分。

企业区位选择的基本规律是：短期靠政策，长期靠市场。政策是救急的，可能（仅仅是可能）解决企业的创业生存问题；市场是救穷的，通过竞争解决企业的长期发展问题，符合市场需要的企业就会发展壮大。因此，我们需要以市场决定性来梳理、定位、应对企业的区位选择。

根据匹配原则，进行 X 光透视。为什么目前广东部分跨国公司的总部迁往上海？为什么它们当初会选择广东？因为当初这些跨国公司主要是基于成本节约的考量，广东的条件恰好与这一需求相匹配：土地成本低；基于政策优势的"孔雀东南飞"，使得劳动力成本也低。但目前，这些跨国公司主要是基于市场拓展的考量，广东的条件就没能很好地与这一需求相匹配：对内地的辐射力，广东尚需努力。我们需要根据市场大势的变化，认真研究企业区位选择的影响因素变化，并进行一一考察：哪些条件，我们具备？哪些条件，我们不具备？哪些可以通过努力具备？哪些是不可能具备的？只有通过一一匹配分析，我们才能找出打造营商环境问题的关键，才能有的放矢。这好比对人体进行 X 光透视，从细节入手，找准问题，抓实而非务虚。

根据产业链原则，进行集群式引进。现代产业业态，往往是"大中小共生并存"。企业区位选择，一个重要的考量就是产业配套服务，其中最重要的一个环节是产业链的配套。打造地区营商环境，要对地区主导产业进行分析，要对每一个细分行业进行产业链分析。要科学研判，本地区在哪些环节具备优势，在哪些环节具备劣势，哪些环节亟待完善。在此基础上，不是单个引进企业，而是集群式引进，通过产业链优势，引领企业集聚。

根据国际化原则，完善服务体系。在全球化、智能化、互联网时代，任何一个人都要做国际化生存的人，任何一个企业都要做国际化生存的企业。无论企业在何处，做什么，都会直接或间接与全球市场变化相关联。打造营商环境，需要一流的国际化服务体系。义乌国际小商品市场风靡全球，一个重要环节是其多语种和智能化服务体系。国际化服务体系，包括国际化基础设施（即时在线）、国际化市场信息平台（即时了解全球市场动态）、国际化交易平台（即时便利地提供咨询、鉴定、评估、签约等中介服务）、国际化创意平台（便利同行进行面对面的交流）等。

根据合作原则，淡化区域边界。营商环境的着力点重在产业。产业的联系是跨越时空的，是要冲破时空壁垒的。打造营商环境，需要区域合作，力戒画地为牢。以广州为例，南沙新区需要大发展，产业基础有待提升，但有政策优势；广州开发区需要再升级，具有很好的产业基础，但工业区需要再拓展。二者如何进行有效的产业链接，这是广州需要考量的一个大问题，也是南沙新区和广州开发区各自需要主动考量的一个大问题。比如，南沙新区的海洋生物产业，完全可以和广州开发区的生物医药产业进一步融合共生。

打造营商环境是一个系统工程，重在梳理企业区位选择的参数。这些参数应市场而变，我们的着力点也要应市场而变。相信市场，没错的。

8. 构建小店主新时代的支持系统①

何处寻求中国经济发展新动力？李克强总理在夏季达沃斯论坛开幕式上提出，要开启大众创业、万众创新新时代。这意味着，中国经济的发展，需要再一次回到市场原动力，又将迎来草根创业新时代，迎来小店主新时代。

观察现实问题，我们总能找到历史的踪迹。想当年，拿破仑在欧洲战场是何等威风，却在滑铁卢一战中一败涂地，被他所看不起的"小店主国家"英国的军队击败。实际上，拿破仑不是被英国的军队击败，而是被英国的小店主击败。任何战争的背后，都是经济实力的博弈，都是经济发展动力的博弈，都是经济制度的博弈。正是 18 世纪英国小店主的蓬勃发展，他们不断创新，不断开拓市场，造就了第一次工业革命。

中国改革开放初期，正是个体工商户蓬勃发展的时期，或贸易，或生产，或运输，弥补市场空白，使市场需求与供给尽快相遇，充分释放了市场活力，提供了经济发展的第一轮原动力，也是第一轮制度红利的源泉。时至今日，我们依然依靠中小微企业"五六七八九"的贡献：50% 以上的税收，60% 以上的 GDP，70% 以上的产品创新，80% 以上的就业，90% 的

---

① 本文发表于 2014 年 9 月 22 日的《南方日报》上。

企业数量。一个小店主主导的社会，将是一个充满市场活力并不断创新的社会，将是一个中等收入者占主导因而比较和谐的社会。

再次开启草根创业，迎来小店主新时代，关键是如何发挥市场的决定性作用和更好地发挥政府的作用。李克强总理给出了 3 张清单：政府拿出完整的权力清单，法无授权不可为；对企业要给出负面清单，法无禁止皆可为；政府管市场要理出责任清单，法定职责必须为。3 张清单相互联系，缺一不可，为大众创业、万众创新进行了顶层设计。具体落实，需要构建相应的支持系统，3 个关键环节亟待行动起来。

一是要积极探索"宽入严管"的企业登记管理新体系，降低市场准入成本，要允许小店主顺利"出生"。关键之处在于要改审批制为注册制，才能充分释放小店主的能量。十八届三中全会对商事登记制度改革有了明确的规定，"推进工商注册制度便利化，削减资质认定项目，由先证后照改为先照后证，把注册资本实缴登记制逐步改为认缴登记制"。政策在于落实，落实的前提是认识。纵观发达国家或地区，办公司不是什么神秘的事。英国每年新成立公司超过 35 万个，对公司注册限制很少，股本可以低至 1 英镑，几乎任何人都可以成立公司。美国注册公司很简单，不需要任何钱，一天之内就可以创立一家公司，硅谷的成功关键之一就在于此。在香港地区，无论千万富翁，还是赤手空拳的穷小子，只要向公司注册处缴纳不到 2 000 元的费用并出示身份证，最快 6 天，新公司就可以开张。对于小店主而言，时间就是市场机遇。快出生，才能快成长。

二是尽快制定出负面清单。负面清单，就是黑名单，就是禁区。除政府规定不开放的经济领域外，即负面清单之外，市场主体想做什么，就做什么。中央高层多次指出，"要善于运用负面清单管理模式，只告诉市场主体不能做什么，至于能做什么，该做什么，由市场主体根据市场变化作出判断"。其实，负面清单遵循的是"除非法律禁止的，否则就是法律允许的"这一逻辑解释。负面清单明确划分了企业与政府各自的职责范围，让市场与政府各就各位。政府给市场主体画出一条清晰的政策底线，主要做好事中事后监管、提供公共服务、维护市场环境等工作；企业能做什么以及该做什么，可根据法律法规和市场实际，作出自己的判断；企业间的竞争，则主要是市场机制起决定性作用；若触犯了法律和市场规则，则由政府出手治理。这能够更好地处理政府和市场"两只手"的关系，既"使市场在资源配置中起决定性作用"，也能"更好发挥政府作用"。现在最重要的是，如何尽快制定出针对小店主的负面清单。

三是通过法治稳定预期，做到"有恒产者有恒心"。十八届三中全会指出，必须毫不动摇地鼓励、支持、引导非公有制经济发展，激发非公有制经济活力和创造力；非公有制经济财产权同样不可侵犯。市场经济发展，要稳住企业家，要留住企业家，要发挥企业家的创造力和能动性。要通过法律意识和舆论引导，形成一种氛围。这对保护企业家精神至关重要，也对小店主的成长至关重要。十八届四中全会的主要议题是依法治国，对此，小店主以及即将成为小店主的人们充满了期待。

欣闻国务院 2014 年 9 月提出 6 项政策措施推进中小微企业发展，推进大众创业、万众创新，这是要构建小店主新时代的全方位支持系统。这一支持系统的确需要多方面的支持，但更为重要的是，这一支持系统要保持动态调整，及时"推陈出新"，把一些不合时宜的规定及时除掉，从而根除小店主发展的羁绊。

9. 需要并期待着民资焕发活力①

　　无形的手需要紧握有形的手。"找市场，不要找市长"，这种市场经济理念，更多的是一种理想；"市长引领企业找市场"，这是一种较为现实的选择。消除歧视，扩大信任，这是市场力量的内在逻辑，还需要政府的有形之手加以实现。

　　近期，国企大项目、"央企地王"等诸多事件不断进入人们的视野，一时间关于"国进民退"的议论甚嚣尘上。是也？非也？我们不能就事论事，也不能短视，而是要放在经济社会转型与演进逻辑中考察。也许，当前的现实仅是其特定表现。

　　我国改革开放三十多年的历史，在一定程度上可以说是民资成长的历史。实践表明，民资是市场机会的敏锐发现者，是储蓄转化为投资启动经济增长的关键环节，是应对危机的坚实力量。民资的地位，从"有益补充"到"必不可少的组成部分"，反映了我们认识的巨大进步，更是经济社会转型与演进逻辑的必然结果。经济转型，路径是市场化，目标是利为民所谋。三十多年来，政府自觉"增进市场"，为民资谋划市场空间；民本自发进入市场，丰富完善经济体系。这是三十多年来我国经济社会"强制性变迁"

---

　　①　本文发表于 2009 年 9 月 21 日的《羊城晚报》上。

与"诱致性变迁"相结合所形成的良性发展路径。

我们走在康庄大道上，但我们的转型还远未成功。现实的情况是，我们对民资的作用和地位的认识与理解，或者说，我们对市场经济的理解，时有反复，时有偏差。这些反复与偏差传导到实践层面，就是民资发展的波动与民资活力的不确定。我们需要再一次厘清：我们需要什么？

在市场经济体系中，每一个企业，不论其出身，都处在社会分工的某个环节，都承担着社会责任，其背后都存在着众多的利益相关者。企业做大做强，尤其是成为上市公司后（即是公众公司），公与私的边界也许就模糊了。这是市场经济复杂而和谐的图景，但这种图景不是一蹴而就的。自然界难有跳跃，经济社会发展转型也是如此。

早进入市场早受益。民资的发展，是经济转型的表现，更是社会转型的关键环节。和谐社会，需要民资快速发展、焕发活力。

消除潜意识歧视。对非国有经济的潜意识歧视与民企投资的政策壁垒，虽有部分消除，但依然遍地皆是，无论是投资领域、投资范围、投资主体资格资质，还是法律条文、惯性思维。这使人想起，拖着一根小辫子的辜鸿铭老先生在北京大学演讲时的名言："我要想剪下的，正是头上的这条辫子很容易，可你们要想剪下精神上的那根辫子，可就难了。"我们需要剪下歧视民资的精神辫子。

信任是社会复杂性的简化机制。没有信任，就不可能构成分工合作、错综复杂的社会。民资的发展，需要全社会的信任，民资本身就是社会的组成部分。诺贝尔经济学奖获得者、美国经济学家舒尔茨在《改造传统农业》一书中提出，农民是理性的，这厘清了我们对"小农意识"认识的误区。诺贝尔和平奖得主尤努斯在孟加拉国乡村银行的实践告诉我们，穷人是讲信用的。这些案例告诉我们，不能天然地对某些群体存在信任误区。

温州经济发展经历了 3 个阶段："可怜的温州人"，到处奔波求生存；"可怕的温州人"，假冒伪劣遭人弃；"可敬的温州人"，质量为上谋宏图。这反映了民资的自省力量，这是市场无形之手的外在压力与资本长期逐利的内在动力相结合的必然结果。

民资发展，需要政策"宏观有为，微观无为"。宏观上，要塑造能为民资发展良好提供条件的外部环境；微观上，尊重市场自身的配置机制与纠错机制，不干预具体经营。

基本公共服务广覆盖与均等化。企业应该享受基本公共服务，民企也不能例外。民企员工享受政府提供的基本公共服务，有利于企业成本控制，降低企业社会福利负担，有利于稳住人力资本，实现可持续经营。基本公共服务责在政府，权在政府。

融资约束亟待拓宽。虽然民企已成为经济发展的重要力量，但银行信贷依然存在结构性错配，偏好国企。这是信息不对称逻辑演进的结果，这种市场失灵需要政府有形之手加以弥补。政府可以探索发展中介融资市场，可以政策扶持信用担保机构，这些措施不能仅仅在危机时刻出台，而是要使这些机构可持续经营，成为促进民资发展的可持续力量。

税费分流归位。"费大于税"的局面虽然有所缓解，但政府非税收入的规模及比重并没有相对下降。"税"是固定的，"费"则具有很大的自由裁量权。不合理的费，不仅会增加民企的经营成本，更会造成不公平竞争。

民资发展，仁者见仁，智者见智。以上些许建议，实乃挂一漏万，用意在于呼唤民资活力。让我们期待，民资发展会更好！

10. 启动农村消费需企业家、
先行资本与配套服务齐下乡①

企业家下乡带动农民致富，这样才能保障农村消费支付能力的可持续性；我国大部分地区农村先行资本的供给水平普遍有待提高，成为农村消费的瓶颈，即使农民有支付能力，也难以形成消费意愿；产品下乡的目标应是提高农民的消费心理效用，使其感到适用便利，这需要下乡前、中、后三个阶段配套服务的协调行动。

政府工作报告提出，积极扩大国内需求特别是消费需求，增强内需对经济增长的拉动作用。报告要求做好"家电下乡""农机下乡""汽车摩托车下乡"等工作。启动农村消费市场成为"扩内需、保增长"的关键措施。在目前财政补贴各类产品下乡的热潮中，我们需要思考怎样保持农村消费支付能力的可持续性。

目前的产品下乡热潮，似乎是在政府财政补贴下农村消费升级的大好时机。但消费升级的基础在于收入增加。产品下乡热潮的实质是农民用钱换来消费品，提高生活水平。这是货币的单向流动，产品下乡，商家资金

---

① 本文发表于 2009 年 3 月 18 日的《南方日报》上，2009 年 3 月 20 日被《中国特产报》转发。

落袋。如果仅仅是单向流动，农民手中的钱是有限的，这种下乡活动不具有可持续性。政府的财政补贴，也就经过农民的手，流入商家口袋。

产品下乡能不能带动农民收入增加呢？可能的情况是，产品下乡，企业销售收入增加，部分打工者薪水稳定或增加，薪水寄回老家，部分农民收入稳定或增加。但这种传导链很漫长、很间接，充满着不确定性和偶然性。

什么样的下乡能带动农民收入增加呢？企业家下乡！企业家是市场机会的发现者和供给的组织者。农村需要企业家宝贵的时间和精力，需要企业家下乡发现商机，并把商机转化为企业活动，转化为产业关联拉动，带动农民致富。这样才能保障农村消费支付能力的可持续性。

经济发展需要先行资本，启动农村消费支付能力需要先行资本投入。冰箱需要电网覆盖和电价下降，洗衣机需要自来水，彩电需要卫星信号和相关数字网络，手机需要电信网络覆盖，电脑需要互联网设施，汽车、摩托车需要公路或至少路面硬底化，农机需要加油站。

巧妇难为无米之炊，同样，巧妇也难为无锅之炊。除了部分发达地区的农村，我国大部分地区的农村先行资本的供给水平普遍有待提高，成为农村消费的瓶颈。即使农民有支付能力，也难以形成消费意愿，不能形成市场有效需求。

先行资本下乡，本身是扩大内需的重要组成部分。这是政府的责任，也是生产下乡产品的企业的责任，同时，这也是重要的商机，需要企业家来发现和挖掘。目前需要政府、企业和农村基层组织联手，加大先行资本的投入水平。这一方面是为了启动农村消费支付能力，更重要的是推动农村经济社会的持久发展。

从长远看，先行资本下乡，还应包括农村教育、医疗、社保等制度的城乡一体化与基本公共服务均等化。这些先行制度资本，更能够提高农民消费意愿，释放农村消费购买力。

产品下乡，目标不应是掏空农民的腰包，而应是提高农民的消费心理效用，使其感到适用便利，这应是企业产品下乡最基本的理念。这需要下乡前、中、后三个阶段配套服务的协调行动，是一项系统工程。

首先要了解适合农村消费的产品性能、产品的价格水平定位、区分必需品和奢侈品等问题。在下乡调研的同时，还要考虑企业的主导市场战略是否要发生转移。这有助于降低农村消费者的搜寻时间成本和信息成本。

在产品下乡的过程中，需要企业提供良好的销售服务，如送货上门，协助申请财政补贴，财政补贴、消费券要便利结算，提供产品功能的详细说明与使用示范、产品的安装与正常维护等。

良好的售后服务的可持续性至关重要。产品的消费过程，是农民学习、了解和享受现代工业文明的过程。在这一过程中会出现许多问题，如果问题得不到及时解决，消费品就成了无用品。由于地理位置、市场分散等原因，企业提供售后服务的成本可能会增加，会影响售后服务的可持续性。这需要企业提高成本消化能力，在适当的条件下提供适度价格的有偿服务。基本底线是售后服务不能断，否则便失去了产品下乡进入农村消费市场的可持续性。

11. 政府职能在于推进市场化进程①

政府与市场应该握手，政府的职能在于增进市场、完善市场功能与丰富市场体系。政府职能演进到"增进市场"，意味着国资的边界与民资的边界将不再截然分明，而是趋于融合。这是市场本原力量作用的结果，也是政府这只"有形的手"与市场这只"无形的手"进行有效握手，实现经济社会的良性运行的具体表现。

2011年3月24日，国务院常务会议确定的鼓励和引导民间投资健康发展的一系列政策措施，是贯彻落实《国务院关于鼓励支持和引导个体私营等非公有制经济发展的若干意见》的具体部署，更是政府职能定位认知提升与市场理念深入的具体体现。

在经济社会市场化转轨进程中，一个必须面对的问题是政府与市场的关系：政府的边界在何处？市场的边界在何处？是政府主导，政府替代市场？还是市场主导，政府无为而治？在不同的时期、不同的地区，社会有着不同的主导认知理念。然而，随着经济社会转型的逐步推进，人们对政府与市场关系的认知，逐步超越"替代"理念，演进到"互补"关系，即政府与市场应该握手，政府的职能在于增进市场、完善市场功能与丰富市

---

① 本文发表于2010年3月29日的《南方日报》上。

场体系。

国务院常务会议提出，鼓励和引导民资进入法律法规未明确禁止准入的行业和领域，为民资营造更广阔的市场空间。这是一种理念的提升，从"法不允许不能做"提升到"法不禁止即自由"。"法不允许不能做"是一种建构理性，潜台词是"政府万能"。"法不禁止即自由"是一种演进理性，体现的是动态纠错。"法不禁止即自由"是市场经济的核心理念，因为市场会充分利用有效信息配置资源，有利于行为主体的理性计算。

这一理念的提升，意味着作为社会主义市场经济的必不可少的组成部分，民资的平等行为主体地位得到更加清晰的认识，民资的经营空间得到进一步释放，企业家精神和"创造性破坏"的理性冲动将得到充分展示。这对市场行为主体素质提升和市场体系丰富完善将大有裨益。

在这一理念基础上，国务院常务会议提出，将民办社会事业作为社会公共事业的重要补充，鼓励和引导民间投资进入基础设施、文化、教育、社会福利等公共产品和公共服务领域。这表明政府重新界定与调整了自己在公共产品、公共服务提供中的角色，其与民资等市场主体结成平等的伙伴关系，由直接提供者、生产者转变为购买者、合作者和管理者，逐步建立以政府为主导的公共产品与公共服务供给的多元化市场机制。民资的介入，可在一定程度上减轻政府财政压力，消除政府垄断，促进市场竞争，增加公共产品与公共服务的范围和数量，提高其质量和效率。

国务院常务会议同时提出，建立健全民间投资服务体系，加强服务与指导，清理和修改不利于民间投资发展的法规政策规定，清理整合涉及民间投资管理的行政审批事项，支持符合条件的民营企业产品和服务进入政府采购目录。这是政府增进市场的具体表现。在实现中华民族伟大复兴的进程中，我们的后发优势是学习、认知进而推进市场演进过程。我们市场化的起点是以政府主导为特征的传统体制，这决定了市场演进的摩擦力较强，市场自发演进的过程将很漫长。由政府主导转变为政府主动增进市场，将会大幅度降低经济社会转型的代价，推进市场化进程。

国务院常务会议指出，鼓励和引导民营企业通过参股、控股、资产收购等多种方式参与国有企业改制重组，支持有条件的民营企业通过联合重组等方式进一步壮大实力。这种民资与国资融合的政策精神令人鼓舞，也使"国退民进"或"国进民退"的争议失去意义。

过去30年，民资从我国经济的"有益补充"到"必不可少的组成部分"，是一部民资成长的历史。未来30年，将是民资逐步做大做强的时期。以此为契机，让我们期待，政府与市场携手并进，经济社会转型与发展会更好。

第二篇　产业之兴

　　资产阶级在它的不到一百年的阶级统治中所创造的生产力，比过去一切世代创造的全部生产力还要多，还要大……过去哪一个世纪料想到在社会劳动里蕴藏有这样的生产力呢？

——马克思　1848 年《共产党宣言》

1. 以全球化思维夯实"中国梦"的产业基础①

习近平总书记多次提到的"中国梦",振奋着每一个中国人的心,激励着每一个中国人奋发图强。作为发展中大国,中国正在进行一项伟大的事业——努力实现中华民族的伟大复兴,努力实现"中国梦"。目前,中国经济总量位居世界第二,这是中华民族复兴的标志。这种复兴,如能成功持续,将是一种奇迹:这也许是人类历史上由盛而衰,再由衰至盛的为数不多的,甚至可能是迄今唯一的大国案例。其模式贡献的世界意义不言而喻。这一伟业的推进,需要全方位、多层次的协调与互动,需要在错综复杂的图景中寻找实现远景的可能路径。这一切都需要把握经济社会发展的核心规律。

纵观世界历史,全球化与一个国家(地区)发展的互动,决定了一个国家(地区)的发展趋势与前景。通过全球化与国家发展良性互动,实现复兴伟业,中国需要夯实微观基础。

在全球化背景下,一个国家(地区)经济发展,由小到大,由大变强,一般经历3个阶段:切入全球价值链→构建国家(地区)价值链→引领全球价值链。改革开放以来,中国经济的快速发展源于全球化带动工业化。

---

① 本文发表于 2013 年 4 月 1 日的《南方日报》上。

1979 年的经济特区、1984 年的 14 个沿海城市开放，这些都是作为试点，尝试与全球经济体系链接。1990 年以来，我国全面切入全球价值链，工业化进程加速。三十多年来，中国通过承接制造业组装加工，形成了从沿海地区开始，并不断向内地延伸的许多加工区和产业集群区。中国制造业增加值于 1993 年超过法国和英国，2006 年超过日本成为世界制造业第二大国，2008 年超过美国成为世界制造业第一大国，结束了美国自 1895 年以来一直保持的制造业生产规模世界第一的历史纪录。

中国成为世界制造业第一大国标志着中国全面切入全球价值链的阶段性任务已经完成。中国贡献给世界的不仅是"工业制造中心"，而且是一个巨大的"需求形成中心"。未来时期，中国要探索培育国家价值链、引领全球价值链的可持续发展路径。

"中国梦"的核心是强国。强国的核心在于把握历史规律和发展趋势。中国强国战略的载体是什么？改革开放以来，中国经济高速增长的主要动力是工业，特别是制造业。工业是中国成为世界有影响力大国最重要的经济基础，直接支撑着中国的国际地位。中国的工业化是一个意义极其巨大的世界历史事件，使全球工业化版图发生巨大变化。

环顾全球，美国"再工业化"、欧洲主权债务危机引起的对实体经济的反思，都提醒我们：必须高度重视实体经济对于一个国家（地区）经济安全与经济发展的重要意义。回顾历史，近四百年来，在全世界发生的所有金融危机和货币危机的背后都是实体经济的危机，都是制造业的危机。近现代世界经济发展的主题是工业化以及由工业化带来的城市化，这一进程将持续下去。党的十八大报告明确提出，"牢牢把握发展实体经济这一坚实基础，实行更加有利于实体经济发展的政策措施"。中国的强国战略不能偏离这一主题。

工业强国战略是"中国梦"的微观载体。工业是培育国家价值链、引领全球价值链的微观基础。全球化是产业发展的永恒动力。我们需要以全球化思维和宏观大视野，把握历史发展趋势，全方位、多层次夯实"中国梦"的产业基础。因此，我们需要实施"工业三步走"战略。

一是拓展微笑曲线。打造工业的国际竞争力，不能囿于制造加工环节，而是要向产业链中的研发（研究、材料、采购、设计）、营销（品牌、渠道、物流、金融）等高附加值环节延伸，即需要向微笑曲线的两端延伸。

二是超越微笑曲线。制造业的核心竞争力，不是用人力（劳动密集型）构筑产业链的"血肉长城"，而是用自动化、标准化、精密化、智能化的机器构筑产业链的"钢铁长城"。目前，中国制造业模式是引进机器生产产品进而出口产品，而"用机器生产机器"的环节在境外。未来时期，中国不仅要维持"用机器生产产品"的世界地位，更要谋求"用机器生产机器"，实现机器大规模出口来替代产品大规模出口。这是培育国家价值链的关键之一。

三是超越产业边界，迈向产业生态系统。第三次工业革命是一场数字化革命，更是一场生态化革命。在智能化引领商业模式快速变革的同时，国家间产业竞争将由企业间竞争和产业链间竞争转向产业生态系统间竞争。这是全球工业发展模式的巨大变革，将重新塑造全球产业竞争格局。产业生态系统所蕴含的生产力是一个国家和地区长期发展绩效的微观基础。在此背景下，"中国梦"的产业基础是智能化、网络化、生态化的制造技术与制造系统。

因此，我们必须回到一个基本判断：中国仍处于并将长期处于社会主义初级阶段。在经济总量快速增长的同时，我们需要产业发展路径的顶层设计，需要重新认识全球价值链的变迁，需要重新树立产业发展新理念。

从产业层面来讲，我们需要"工业三步走"战略。但必须指出的是，"工业三步走"战略，不是依次走，而是同时走，齐头并进。否则，我们只能始终处于追赶的状态。

"中国梦"，是一个愿景，一幅蓝图；是一面旗帜，一个方向；是前进的指引，发展的动力。只要每一个地区、每一个企业、每一个人，在产业大系统的协同分工中努力与创新，"中国梦"就有了夯实的微观基础。微观基础在，"中国梦"离实现就不远。

2. 中国制造2025：设备为先^①

"中国制造2025"与"德国工业4.0"相呼应，成为当前各界热议的话题之一。这一热议，不能成为一阵风而过。其背后的战略意义，我们要理性认识：中国制造2025，是我们由大国走向强国的必然战略选择，这是由国情和世情决定的。

环顾全球，近现代世界经济发展的主题是工业化以及由工业化带来的城市化，这一进程将持续下去。对此，我们需要认清两个典型事实：第一，中国的工业化是一个意义极其巨大的世界历史事件，将引领全球工业化版图发生巨大变化；工业是中国成为世界有影响力大国最重要的经济基础。2014年，中国制造业净出口居世界第一位，其增加值占世界的20.8%；按照国际标准工业分类，在22个大类中，中国在7个大类中名列第一，钢铁、水泥、汽车等220多种工业品产量居世界第一位。第二，中国仍处于并将长期处于社会主义初级阶段，产业层次总体不高，大而不强，工业文明的路还没有走完。发达国家的再工业化战略警示我们，工业不可丢。

目前，中国工业正处在进军世界先进制造业领域的关键阶段。环顾全

---

① 本文发表于2015年3月23日的《南方日报》上。

球，世界上只有少数几个国家能够达到高端制造业强国的地位。工业强国可分为两类：一是全面强势型，在整个工业领域各个方面、各个行业都具有强势地位和重要影响，如美国、德国、日本；二是局部强势型，如英国、法国、瑞士。中国的目标应是全面强势型工业强国。作为工业大国的中国能否成为工业强国，如何在全球化背景下成为工业强国，这是中华民族伟大复兴的基础。

在全球化背景下，我国制造业企业面临着全方位、多层次的立体交叉竞争：中国企业同中国企业的竞争，中国企业同外国企业的竞争，外国企业同外国企业的竞争，多国股权的跨国公司的竞争，这些竞争构成了制造业市场竞争的独特画面。这一局面背后，如何寻求突破，至关重要。

纵观发达国家和地区的历史实践，制造业发展经历几个阶段：手工制造产品→用机器生产产品→用机器生产机器→出口机器。德国在欧洲主权债务危机中表现优秀的微观基础在于其生产设备的出口。日本作为产业立国的典范，其核心在于机器设备和产业基础元器件的出口。美国的再工业化战略，核心在于资本品生产，在于智能化高端设备制造。

我国制造业目前尚处于"用机器＋人力生产产品"的阶段。制造业模式是，引进机器设备生产产品进而出口产品，而"用机器生产机器"的环节在境外。未来时期，我国制造业不仅要维持"用机器生产产品"的世界地位，更要谋求"用机器生产机器"。我们不能局限于某一产业微笑曲线的拓展，更要超越微笑曲线。当然，从"用机器生产产品"阶段迈向"用机器生产机器"阶段，实现机器设备大规模出口来替代产品的大规模出口，将是一个长期的过程。但这一趋势必须了解和把握，不能犯战略性失误。

中国制造2025，就是要在新工业革命背景下推进制造业的战略升级。

对此，我们需要正确认识工业化的理念。工业化的实质是工业文明渗透到经济社会生活的各个环节。工业化理念的实质是工业精神，包含合作精神、契约精神、效率观念、质量意识、科学观和创新精神、持续发展观。欧美国家的工业文明，表面上源自发达的科学技术，内核则是工业精神的引领，重视理性，重视实业，重视科学与创新，提倡合理谋利和多边共赢。工业化的标志之一是产品的标准化，其背后是由一丝不苟的职业文化支撑的，包括流程的标准化、劳动操作的标准化、使用工具的标准化、工作环境的标准化等。在培育产业运行标准的过程中，亟须培养工匠精神。

我们需要抓住新工业革命的机遇。制造业的数字化革命，是新工业革命的核心。制造业数字化意味着智能软件、新材料、灵敏机器人，3D 打印等新制造方法与基于网络的商业服务形成合力，形成新的制造范式——生产控制系统的一体化；设计、制造、消费者反馈的一体化；制造系统的微型化；全生命周期产品的动态制造能力；知识型员工主导。目前美国再工业化，实质是重新创造出一种灵活、可由设计驱动的制造业模式，数字化技术、新材料、新制造方法是其核心。德国工业 4.0，以信息物理融合系统（CPS）为基础，以生产高度数字化、网络化、机器自组织为标志，实现智能化制造和实时管理，生产模式由集中式控制向分布式生产转变，其目标是建立一个高度灵活的个性化和数字化的产品与服务的生产系统。未来时期，互联网和其他服务联网的系统将使所有行业实现智能化。

为此，需要确定两个重要领域：一是自动化设备与机器人产业。自动化是解决劳动力成本上升的可行方案。机器人和训练有素的人相结合，可缓解老龄化的影响。要大力发展 3D 打印设备，形成新型制造体系。未来制造模式是个性化制造，一个人就是一个制造工厂。要积极发展工业机器人，我国对工业机器人需求大，工业机器人市场具有很大潜力；目前高性能的机器人主要被外国产品垄断；要有序发展家庭机器人。机器人产业的目标是每个人都可以有自己的机器人，就像智能手机和汽车一样。二是工业软件和芯片设计。工业软件将成为未来制造业研究的重要课题；软件将决定未来产品的几乎所有功能。能否拥有强大的工业软件，是未来取得竞争主动权的关键因素。

3. 重视新工业革命的先行资本投资①

2014 年一季度经济数据一公布，立马引起各界热议。全国经济增长率 7.4%，尚在目标（7.5%）附近，属于年度经济运行先抑后扬的预期之内，虽有争议，但各自解说。倒是作为第一经济大省的广东经济增长率 7.2%，回落幅度较大，成为关注的焦点。

对此，我们要厘清一点认识：由于广东经济体量大，去年同期的经济规模基数大，虽然广东一季度同比经济增长率低于全国，但经济增量的绝对规模不会小，即对全国经济增长绝对量的贡献不会小。我们不能被相对量（增长率）遮住了眼，更不能因此失去信心或冒进。

当然，作为经济第一大省，经济增长率 7.2%，相对于历史数据，是较低的，吸引众人眼球也是可以理解的。一时间，关于稳增长、促改革、调结构三者之间关系如何处理的问题，再次成为各界热议的焦点。在此还要厘清一点认识：稳增长、促改革、调结构，三者之间不是替代关系，不是"有你无我"的关系，而是互补关系，是"你我相互依存"的关系，是短期目标和长期目标相互依存的关系。

厘清认识至关重要。但更为重要的是，寻求稳增长、促改革、调结构

---

① 本文发表于 2014 年 4 月 28 日的《南方日报》上。

相结合的抓手。从长时段来看，每个人都是短期主义者，每个人都希望目标函数的最大化。当前的抓手何在？

我们的惯性思维是从需求侧或供给侧来寻找抓手。从需求侧着手，往往为刺激需求而刺激需求，需求难以产生可持续性，通过砸坏玻璃而产生对玻璃的新需求，除了制造虚假需求而误导企业生产外，有何意义？需要记住的关键要点是，需求的背后是支付能力的可持续性，是"产生支付能力"的能力的可持续性。这是需求侧刺激难以完成、难以胜任的。

从供给侧着手，往往为刺激生产而刺激生产，为补贴而补贴，延缓企业、产业随市场而变的自主转型升级。当补贴虚增利润的时候，企业不可避免地陷入"温水煮青蛙"的困境。需要记住的关键要点是，企业增值是任何经济体追求的永恒命题，是国民财富的最终源泉。

寻求稳增长、促改革、调结构相结合的抓手，只能顺大势而为，顺大势而实现需求侧、供给侧的互动。当前经济社会发展的大势就是新工业革命。新工业革命，既意味着新的经济增长点地不断涌现，也意味着巨大的结构变迁，更意味着经济社会运行范式的转型，意味着技术创新、制度创新的互动与融合更加广泛与深入。

对广东乃至全国而言，顺新工业革命大势，实现稳增长、促改革、调结构有效结合的关键环节之一是大力推进新工业革命先行资本的投资，其中最为重要的是基础设施投资。

投资是经济发展的永恒动力，但投资必须是有效投资。基础设施是任何经济体发展的先行资本。当前最需要的是支撑新工业革命发展的信息化基础设施投资。

新工业革命需要实现：永远在线，跨越时空的开放互动，生产与消费的一体化互动，智能化、自动化与定制互动。这需要信息化基础设施的广度与深度能够满足需求。我们的目标是要做到：永远在云端，手机就是办公室，工厂就是 3D 打印机，产品就是来自全球的创意集合体。对广东而言，需要尽快加大信息化基础设施的投资力度，弥合数字鸿沟。数字鸿沟表现为一定时期内不同区域在获得 ICT（信息通信技术）设施、掌握 ICT、使用 ICT 并利用其创造财富的差距，其核心在于信息化基础设施的差距。

广东需要弥合与发达国家或地区的数字鸿沟。发达国家的信息化基础设施广覆盖、低成本，甚至大巴上都有免费无线网络，这充分释放了人与人之间创意互动的空间，产生了无限商机。广东首先需要实现信息化基础设施的广覆盖，然后再实现低成本，最终要实现整合全球智力资源。

广东需要弥合省内区域的数字鸿沟。粤东、西、北地区与珠三角地区存在着较大的数字鸿沟，进而影响二者之间的良性互动，无法充分发挥珠三角地区的先发带动作用。加大粤东、西、北地区信息化基础设施建设，既是新的增长点，又是调整这些区域经济结构的机遇。实际上，新型城镇化的关键环节在于信息化基础设施建设。我们可以发展更多的"淘宝村"，可以在农村发展服务外包业，有时只需要农村企业家的示范效应，一条电缆、一个终端即可。

信息化基础设施建设，需要高标准、一步到位，要满足未来发展的要求，尽量避免信息堵车现象。电缆、宽带、移动互联网等基础设施，具有网络规模效应，容量越大，规模效应越大。广东需要投资大型科技设备装置，新工业革命需要的是信息的永远畅通无阻。大数据需要大运算，大运算需要大设备；产生的大信息，会反馈到大物流上。

讲到改革问题，过去三十多年强调的是制度重于技术，制度创新推进技术创新。在新工业革命背景下，技术重于制度，技术创新会倒逼制度创新。通过技术创新实现的信息快速传播，创建一个全球化公开透明的社会，新工业革命的技术力量将会冲破一切阻碍生产力发展的制度约束。正所谓：世界潮流浩浩荡荡，顺之则昌，逆之则亡。

在新工业革命背景下，稳增长、促改革、调结构是三位一体的生态系统。为此需要我们推进先行资本的投资，迎接大转型的到来。

4. 实体经济发展要超越微笑曲线①

中央经济工作会议指出，要牢牢把握发展实体经济。在全球经济充满着不确定性和商品金融化背景下，这是极为关键的战略选择，其实质是寻求中华民族伟大复兴的可持续路径，夯实中华民族伟大复兴的微观基础。回顾历史，工业革命以来，世界制造中心（世界工厂）几经变迁：英国→美国→日本→中国。世界制造中心的转移，伴随着经济强国的出现。环顾现实，当年希特勒想用军事手段实现但最终未能实现的德国梦想，德国人现在利用欧洲主权债务危机基本完成了，这靠的是德国先进的制造业。

发展实体经济，需要科学把握发展规律与发展趋势。历史经验表明，许多国家或地区曾经辉煌一时，却不能突破经济发展中收益递减规律的制约，从而走向衰落。1783 年发生的工业革命是人类发展史上的第一个转折点，1848 年马克思在《共产党宣言》中这样形容："资产阶级在它的不到一百年的阶级统治中所创造的生产力，比过去一切世代创造的全部生产力还要多，还要大……过去哪一个世纪料想到在社会劳动里蕴藏有这样的生产力呢？"工业革命的发生意味着资本主义的起飞，体现为突破收益递减规律的限制，实现收益递增的过程。

---

① 本文发表于 2012 年 1 月 4 日的《南方日报》上。

　　发展实体经济，需要实现产业的收益递增，需要科学追寻收益递增的源泉，而不能囿于某个理念或分工环节。

　　目前，中国是世界制造中心，但制造业的附加值很低，产业国际竞争力不强，即所谓"大而不强"。对于如何打造中国制造业的国际竞争力，许多学者认为，需要向微笑曲线的两端延伸。所谓微笑曲线，是指在产业链中研发（研究、材料、采购、设计）、生产（组装、加工、制造）、营销（品牌、渠道、物流、金融）诸环节的附加值曲线，呈现两端高而中间低的形态，即研发和营销环节附加值高、生产环节附加值低，大体呈 V 型，很像人笑时嘴的形状，俗称"微笑曲线"。要想提高产业附加值和国际竞争力，不能囿于生产环节，我们必须要向研发与营销环节延伸。

　　这种认识是正确的，但这种认识是囿于某一产业或产品链条的。制造业的核心竞争力，不仅仅在于生产多少衬衣、皮鞋、领带、饮料、洗发水等，更在于这些产品是怎样生产出来的，是用人力（劳动密集型）构筑产业链的"血肉长城"？还是用自动化、标准化、精密化、智能化的机器构筑产业链的"钢铁长城"？如果是前者，我们面临的难以突破的窘境就是"出口 10 亿条裤子才能换回 1 架飞机"；如果是后者，生产效率得到极大提升，易于实现收益递增。历史实践证明，"血肉长城"很难抵得过"钢铁长城"。比如生产服装，使用自动化、标准化生产设备的企业生产率可能是劳动密集型企业生产率的几十倍，甚至上百倍。

　　用自动化、标准化、精密化、智能化的机器构筑产业链的"钢铁长城"是一种必然选择。但关键问题在于：这些机器来自何处？是购买（或租用）别的国家或地区生产的机器，还是自己制造？纵观发达国家和地区的历史实践，制造业发展经历几个阶段：手工制造产品→用机器生产产品→用机器生产机器→出口机器。德国在欧洲主权债务危机中表现优秀的微观基础在于其生产设备的出口。2011 年 3 月 11 日发生的日本地震，震翻了全球产业链，使我们明白：这个世界不能没有日本。日本作为产业立国的典范，其核心在于机器设备和产业基础元器件的出口。日本丰田公司的成功，在于顺利完成从生产产品到生产机器的华丽转身：开始生产纺织品，进而生产自动纺织机，促进了日本的第一次经济起飞；后来生产汽车，促进了日本的第二次经济起飞。

中国制造业，目前尚处于"用机器 + 人力生产产品"的阶段。制造业模式是引进机器设备生产产品进而出口产品，而"用机器生产机器"的环节在境外。

未来时期，中国制造业不仅要维持"用机器生产产品"的世界地位，更要谋求"用机器生产机器"。我们不能局限于某一产业微笑曲线的拓展，更要超越微笑曲线。

当然，从"用机器生产产品"阶段迈向"用机器生产机器"阶段，实现机器设备大规模出口替代产品大规模出口，将是一个长期的过程。但这一趋势，我们必须了解和把握，不能犯战略性失误。

面对国际金融危机的冲击与我国制造业竞争力不强的现实，制造业发展需要实行三大战略：一是"金融 + 制造"战略。商品金融化改变了商品价格的形成机制，金融机构取代了传统的商品买家和卖家，成为市场的主导力量。与之相随，传统的"加工制造"产业模式逐步向"金融 + 制造"产业模式转变。此时需要构建制造业产业链金融，即把金融工具嵌入产业链与价值链的各个环节。二是"技术 + 制造"战略。重点攻关自动化、标准化、精密化、智能化生产机器的技术，提高生产机器的竞争力，把劳动力密集型产品提升到知识密集型产品。三是"品牌 + 制造"战略。通过产品标准、价格话语权、区域品牌营销等途径，提升产品附加值。

5. 构建创新驱动发展的产业共享体系①

任何经济体的起飞与发展，一定是以局部或整体的创新突破作为逻辑起点的。经济波动的往复循环与螺旋上升，一定是创新引领这一进程的。经济体由大做强，一定是一个持续创新、不断突破收益递减规律的过程。广东创新驱动发展战略，正是遵循并顺应了这一经济社会发展的规律。

产业共享是创新驱动发展的关键环节。从战略层面讲，创新驱动发展，已经不是单个的突破，而是一个系统工程。从国内外创新策源地看，其背后一定有一个支撑体系，这就是产业共享（Industrial Commons）。产业共享是一系列能够对多个产业的创新提供支持的技术能力和制造能力的集合，其核心内容是产业和企业之间的互换性和相互依存性，具有强劲的溢出效应、网络效应和孵化加速效应，能够引发产业内和产业间合作。近年来，产业共享的理论与实践在全球特别是发达国家骤然兴起。美国 2012 年公布的《先进制造业国家战略计划》将产业共享作为其三大战略任务之一，2013 年发布了《重建产业共享》报告。德国将工程学和工艺流程的精密性组织作为其产业共享的核心来建设，形成大、中、小制造业企业共生的组织形态。日本制造业产业共享的核心是元器件，大财团组成的产业经济联

---

① 本文发表于 2016 年 2 月 29 日的《南方日报》上。

合会致力于通用元器件的研发和升级，如半导体元器件、晶体管元器件、芯片等，形成了各产业发展的基干。广东作为世界制造中心的关键组成部分，产业共享是创新驱动发展和塑造竞争新优势的关键。

培育产业共享的核心体系：

一是大力发展企业实验室。产业共享的核心是制造互换性与相互依存性。企业实验室是创新的核心，是为了更好地整合研究和商业活动。美国杜邦公司、通用电气公司、美国电话电报公司和西屋电气公司都建立了实验室，企业实验室中往往具备行业通用设备。广东同样需要发展企业重点实验室。

二是大力发展基础共性技术。基础共性技术是产业共享的核心能力。可充电电池是高能效型交通工具的心脏，机床是国防工业、航空航天技术和汽车工业的工作母机，LED 是新一代节能照明技术发展的根基。英国的崛起与蒸汽机密不可分，德国的崛起与有机化学物合成及相关制造工艺密不可分，"二战"以后美国的发展与数字化、信息技术和互联网密不可分。研究表明，机械、仪器仪表和电子是三个最主要的创新流出部门。广东支柱产业要成为创新流出部门。

三是形成开放性人力资本体系。建设产业共享的人力资本基础，从科学、技术和工程领域的劳动人员开始着手，这一群体一般由在科学、工程学和数学领域具有学士或硕士学位的劳动力组成。没有企业会把科研实验室安置在一个缺乏一流科学家和工程师的地方。在德国几乎每一所综合性大学都开设经济工程学专业。广东的理工学科需要把握这一历史机遇。

四是构建全产业链服务体系，供应链是共享性资产。不同产业间在供应链方面相互交叉，基于产业链的综合服务平台如采购平台、融资平台、设备租赁平台等，尤其是第三方平台，是每一个产业成长的基础和土壤。

企业孵化器与加速器是产业链服务的关键组成部分。

探索产业共享的多元化供给：

一是引导企业主动参与产业共享体系建设。通过宣传培训，使企业理解身处一块繁荣的产业共享区域所具有的战略价值。引导企业投资于本地的产业共享体系，这是竞争优势的源泉。利用财政手段或股权投入方式支持企业建设对社会开放的实验室、检测室、大型行业设备等。政企合作，企业运营。鼓励行业领先企业建立具有国际影响力的实验室，以龙头企业为主、政府提供支持的方式建立具有国际一流水平的相对公共的实验室，制定一套行之有效的利润分配体系。投入资金，鼓励企业建设培训学院和研究院。充分发挥行业协会、企业家联谊会在产业公地建设中的作用，定期组织企业家之间、高校专家与企业家之间的交流活动。

二是形成产业共享的市场型供给。企业实验室、研究院、培训学院、博士后工作站、检测中心、检测设备、试验设备等，往往是企业供给，提供有偿服务。其实质是所有权和使用权的分离，使用权市场化流动。产业共享体系建设，需要中小企业的精耕细作。中小企业的灵活性和能动性使整个产业共享体系更具生命力。产业共享之所以能够存在，就是该产业共享体系各用户能够产生较多的私人收益而非社会收益。

三是探索产业共享的 PPP 模式。产业共享涉及相关政府部门、企业与个人，通过这些关键利益相关者的集体行动而实现产业共享的可持续发展。积极探索基于公私合作（PPP）的产业共享治理模式，有效处理其涉及面广、间接利益驱动、集体行动难度较大等问题。

产业共享，实际上是创新发展的沃土。这一沃土的培育，需要发挥各界的力量，需要我们共同努力。

6. 中小企业发展需要新思维①

2011 年 9 月 22 日，工信部发布了《"十二五"中小企业成长规划》。这是首个关于中小企业发展的国家级规划，具有深远的战略意义。中小企业在改革开放初期曾蓬勃发展，为我国经济持续、快速、健康发展作出了重要贡献。但新世纪以来，一些深层次的问题制约着中小企业发展，对此各界讨论已久，但实质性进展不大。

这个规划是在新的形势下对中小企业发展的再认识，希望中小企业能够再出发，再创辉煌。这个新形势就是：经济全球化、国际分工与国际产业转移，使社会分工越来越细，产业链的每一个细小环节都可以独立出来进行生产加工；中国经济社会转型呈现出的复杂性，需要系统性地应对，传统的"大而全"式的经济组织方式不可能独撑全局，需要全面、多层次、多样化的"经济细胞"。

在此新形势下，我们需要对中小企业的作用形成新的认识。一个国家或地区的崛起，表现为企业的崛起，尤其是形态多样的企业生态体系的成长。目前，我们正处在伟大复兴的征途上。中华民族的伟大复兴需要夯实的微观基础，中小企业是其中之一。国际经验表明，现代产业体系的企业

① 本文发表于 2011 年 9 月 26 日的《南方日报》上。

形态是"大、中、小"共存、共生。中小企业是现代产业体系必不可少的组成部分。

在新的形势下，我们需要认清中小企业发展模式变迁的新趋势。近几年的国际金融危机表明，金融已经渗透到全球经济社会的每一个角落。随着金融全球化，越来越多的商品具备了金融属性，出现了"商品金融化"趋势。商品金融化改变了商品价格的形成机制，价格不仅是由传统的、基于实体经济的供求所决定，更主要是由资本和货币所决定。金融机构取代了传统的商品买家和卖家，成为市场的主导力量。与之相随，金融市场与制造业、服务业的关系越来越紧密，传统的"加工制造""配套服务"产业模式逐步向"金融＋制造""金融＋服务"产业模式转变。比如，一家零部件加工企业，需要有色金属作为原料，但有色金属价格波动受全球影响，需要期货市场套期保值来锁定原料成本，规避价格风险；如果产品出口，又面临汇率波动风险，需要外汇市场的远期合约或外汇期货来规避风险。这意味着在向"金融＋制造""金融＋服务"产业模式转型过程中，可将金融工具全方位地嵌入产业链与价值链中，即运用金融工具进行产业链与价值链全流程的财务再造。

这是中小企业发展模式的一个新趋势，我们必须实行新的应对措施，从全球化视角、金融视角来发展实体经济。

一是普及期货知识。期货、期权及金融衍生品，已经来到我们身边。不能有恐惧心理，被动应对，而是要主动学习。许多实体企业仍然在埋头苦干，需要抬头望一望金融市场的天。政府需要通过各种渠道普及期货知识，对产业链上、中、下游行为主体要进行专门培训，让企业了解"价格波动在你眼前，期货在你身边"。需要决策层支持并出台相关政策，组织编写《期货知识读本》，以通俗的语言、翔实的案例把期货相关知识梳理清楚。

二是"大、中、小"共生要重视金融联系。传统的"大、中、小"共生，主要局限于产业链各个环节的分工与协作，现在不仅要如此，更要重视大、中、小企业的资本联系与产权联系，做到"你中有我，我中有你"。这有利于形成中小企业的多元化风险化解体系。这就需要中小企业产权交易市场的形成与配套服务的完善，并以此为依托，形成中小企业的融资等金融服务体系。应规范发展中小企业创业板资本市场，回归"资本融通与有效配置"的本原，而不能仅仅成为"暴富"的工具。

三是从全球视野看待"大、中、小"共生。"大、中、小"共生的企业形态不能仅仅局限在境内。境外企业"走进来"与境内企业"走出去"是相辅相成的。有些产业链分工环节的中小企业，受到经济、社会、环境、资源、生态等多重因素的影响，是可以主动"走出去"的。符合境内需要的境外中小企业，可以主动"迎进来"，而不是仅仅局限于大企业"走进来"。

四是重视"就业优先"背后的分工实质。这次发布的规划，强调"就业优先"，就业是由产业链分工环节所决定的。随着全球创新地不断涌现和产业链分工越来越细，国际产业链环节的转移越来越多，整个中小企业的人力资本和技术力量能够吸纳的环节越多，解决的就业量也就越大。因此，需要认清国际产业创新与转移的新趋势，作好承接准备至关重要。比如服务外包业，中小企业可以承接部分环节，但从业人员的外语水平、对相关专业技术知识的掌握程度往往成为制约瓶颈。

可见，中小企业的成长与发展，是一项系统工程，虽然不能一蹴而就，但需要具有宏观大视野，认清发展大趋势，准确定位战略，保证战术切实有效。

7. 产业工人应成为中等收入者①

供给侧结构性改革的核心要义，在于在全社会形成"生产性努力"，生产出更多更好的产品和服务。而适当抑制过多的分配性努力，防止太多的人成为分利者，成为社会的"脂肪肝"。从这个意义上讲，供给侧结构性改革，是奠定并夯实"中国梦"的微观基础。

供给侧结构性改革的核心环节之一是补短板，补"生产性努力"的短板必不可少。努力的方向及其程度，是一个人的主观表现，但其背后一定是激励制度作用的结果。人对激励是有反应的，这一道理放之四海而皆准。一个社会，其成员是积极向上，还是慵懒？是学而优则仕，还是学而优则工商？社会成员的时间和智力资源的投入方向，与社会激励机制与激励结构密切相关。一个社会怎样激励形成"生产性努力"，谁应该是"生产性努力"的主体？解决这一问题，至关重要。

供给侧结构性改革的核心载体是产业，尤其是工业。产业兴，则国兴；产业强，则国强。在此，我们要时时刻刻记住一个典型事实：中国的工业化是一个意义极其巨大的世界事件，工业是中国成为世界有影响力经济体最重要的基础；我国仍处于并将长期处于社会主义初级阶段，

———————————

① 本文发表于 2016 年 5 月 30 日的《南方日报》上。

工业文明的路还没有走完。产业兴的关键是要有一支高素质的、庞大的产业工人群体。

高素质的产业工人，是一个国家和地区最重要的、不可替代的禀赋。工匠精神，就是靠高素质的产业工人创造和传承的。一个社会的"生产性努力"如何，就看年轻人是否愿意当产业工人？谁来当产业工人？是争先恐后地力争当产业工人，还是被逼无奈当产业工人？在一定程度上，产业工人是一个社会"生产性努力"的载体。具有工匠精神的产业工人通过"干中学"，易于发现技术创新机会和市场创新机会，从而激发其企业家精神。工匠精神和企业家精神，是一个社会"生产性努力"的具体体现。大众创业、万众创新的根基就在于此。

回到现实，一个大学生，无论专业是哲学、历史、经济学、社会学、文学、语言学、法学，还是数学、物理、化学、生态学、工程学、生物学、爆破工程，毕业前总会去做一件事：考一考公务员。而很少看到万人争当产业工人的景象。试问父母，有多少人愿意自己的孩子去当产业工人？产业工人，成为就业取向中的边缘地带。这不是每一个个体的错，而是社会没有激励大学生、年轻人去当产业工人。

其根本原因就是产业工人收入太低。产业工人，成为低收入群体的主体，而没有成为中等收入群体的主体。而一个以工业为发展原动力的社会，只有让产业工人成为中等收入者，让产业工人有能力成为社会消费需求升级的推动者，才是其可持续发展的基石。

环顾全球，为什么在澳大利亚许多人争当矿工？因为矿工收入高，为此要经过严格的资质筛选才能当矿工，高收入带来高素质。为什么德国人以当工人为荣？因为高收入的产业工人是社会行为的示范者和引领者，德国将工程学和工艺流程的精密性组织与工匠精神相结合，成就了其制造业的全球领先地位。元器件研发升级和工匠精神，形成了日本各产业发展的基干，其背后是高工资和福利支撑的体面生活。总之，在这些国家当产业工人，就能过上相对体面的生活。

在 2016 年 5 月 16 日召开的中央财经领导小组第十三次会议上，习近平总书记强调，扩大中等收入群体，关系全面建成小康社会目标的实现，是转方式、调结构的必然要求，是维护社会和谐稳定、国家长治久安的必然要求。的确，理论和实践证明，中等收入者占主体的社会，是最具活力的、最稳定和谐的，也是最具创造力的。

具体贯彻落实这一精神，需要回答一个问题：谁来当工人？怎样激励年轻人把稀缺的时间和智力投入到产业工人岗位上？中国制造 2025 战略实施的关键支撑环节之一，就是要塑造一支可以和世界先进产业工人相媲美的产业工人队伍。这支队伍，理论知识水平高，经受过系统的实验室专业训练，能够很快适应并操作精密化、标准化、自动化、智能化的生产流水线和设备，既懂硬件又懂软件，尤其是能通过工业软件调整参数，完善并提升产品品质。由此看来，理工科的本科生，最适合做产业工人。但是，学生本人及其父母未必愿意！

当前关键问题，就是要扭转社会的就业偏好和就业去向，把不愿意当产业工人的大学生激励成争先恐后去当产业工人的大学生。

第一，去除干部和工人的身份划分。这一传统体制下的身份划分，造就的身份歧视，让干部成为"人上人"，成为劳心者，让工人成为"人下人"，成为劳力者，且很难翻身，造成了社会成员流动的身份壁垒。

第二，重新塑造新产业工人身份。提高产业工人的收入，让他们能过上体面生活，使产业工人成为社会仰慕的职业；让"我要当工人"成为社会的共识和主流氛围。在此需要警惕的是，虽然近年来产业工人的工资有所提升，但距离支撑体面生活还有相当长的路程。降低成本的过程中，对企业而言，要降税费，而不是降工资福利。

第三，需要把工科和工程学塑造成社会热门专业，让大学生积极选，热情学。工科的繁荣之日，就是产业强国之日，就是产业工人社会荣光之日。

8. 开放型产业园是后发优势的实践者①

寻求经济发展新动力，是广东历经三十多年高速增长之后面临的关键问题。省委、省政府出台的粤东、西、北地区振兴发展战略，是一种后发优势战略，是寻求经济发展的空间新动力。

改革开放以来，广东经济在快速增长的同时，也形成了巨大的地区发展鸿沟，广东省内发达地区与落后地区的差距，在一定程度上超过了全国东、中、西部地区的差距。实践证明，珠三角地区的经济快速增长，通过自发的外溢效应与关联效应，虽然可以带动省内其他地区的经济发展，但无法自行缓解不断扩大的地区差距。当珠三角地区经济增长达到生产可能性边界之后，当其潜在经济增长率可能呈现下降趋势时，广东就需要寻求经济发展的空间新动力。

粤东、西、北地区振兴发展战略，就是要谋求后发优势，实现经济起飞，并通过起飞阶段的递增效应，快速进入工业化的关键领域，从而实现与珠三角地区的协同并进。问题的关键是，粤东、西、北地区怎样实现后发优势？

经济发展史表明，园区（港区、开发区、新区）是后发优势的实践者，

---

① 本文发表于 2013 年 8 月 19 日的《南方日报》上。

是经济起飞的重要载体，同时也是增量改革的一种体现。尤为重要的是，园区一定是开放型园区，是全球化与发展战略互动的引领者与实践者。纵观世界历史，园区引领着一个国家或地区的全球化进程。在经过初始阶段园区的经济集聚探索之后，新区的出现往往是国家（地区）与全球化进程互动的政策产物。设立园区是一项基于全球化的公共政策。

粤东、西、北地区振兴发展战略，强调三个"抓手"：交通体系、产业园区、地区增长极。其中，产业园区是重中之重，是交通体系承载的商品流的联结点，是地区增长极的核心载体。各个地区的园区相互之间构成的产业组织网络，将是一个无边界的协同增长经济体。

对于粤东、西、北地区而言，建设开放型产业园，要基于后发优势，洞察经济社会发展大趋势，高起点、早规划、稳步可持续开发。园区形态可以多样化，但需要有战略高度。

一是云园区。开放型产业园，一定要抓住第三次工业革命的发展大势。数字革命，正在颠覆传统制造业，在线分享、创客运动、人人都可参与的虚拟化的制造业，全球供应链进入网络时代，大规模生产成为在线服务，3D打印启动造物新纪元，生产工具（重资产）与创造性劳动（轻资产）相分离，智能制造、互联制造与定制制造将成为未来新业态，这需要云工厂，需要云园区。更为重要的是，这种业态可以突破空间的限制，是发挥后发优势的有利条件。粤东、西、北地区，可以根据这一趋势，进行园区规划，或重生产，或重创意（设计），核心在于与全球的互联。

二是生态园区。第三次工业革命的方向之一是生态化。生态资本化与生态贸易化是发达国家经济增长的新动力，其目标是要形成生态化产业体系。这是发展理念的重大转型，工业可以运用新的生产方式来大大减少对环境的影响，并以此盈利。粤东、西、北地区要顺应这一发展理念的演进，规划建设生态园区，通过绿色制造，培育与建设绿色生态化现代工业体系，形成经济增长新动力。比如，清远的再生铜具有较好的产业发展基础，可以建设再生铜绿色生态园区，使生态化产品通过生态化贸易盈利；可以把生态化生产与生态化贸易统一起来，与全球连接，争取成为全球再生铜中心。

三是市场型园区。园区可以重生产，可以重创意（设计），也可以重流通、重服务。市场型园区，更容易形成区域影响力。法国戛纳因电影节这一服务平台，名冠全球；浙江义乌小商品市场是市场型园区的典型代表，成为全球小商品市场的风向标；揭阳普宁中药材市场在国内也有一定影响力。粤东、西、北地区，可以在原有市场型园区基础上提升支持系统，做大做强；也可以根据现有产业基础和特定产业的全球发展趋势，考虑能否规划市场型园区或者生产型与市场型混合园区；也可以根据产业发展规模，与相关指数平台连接，如成为国内外期货交易所的交割库或交割品牌，或者在相关平台发布产业指数。近期可以完成的是，各地区梳理现有产业基础，梳理各大期货交易所的交易品种，厘清哪些品种有可能对接成为交割库或交割品牌。

当然，园区形态没有固定模式，可以无边界地进行创新。重要的是，园区的发展，需要有良好的支持系统。

开放型园区的全球化定位，需要良好的区域品牌。清洁是第一要务，重点在于清洁环境与清洁生产，跨国公司与国内公司的重大区别之一就在于此。清洁环境，需要便利、清洁的道路，有效的垃圾处理方式。园区的环境，是区域品牌的第一印象。这不仅是粤东、西、北地区的事情，对许多珠三角地区的园区来说，也是如此。既要考虑园区产业自身之利，更要考虑公共平台这一更大的利。

开放型园区的全球化定位，需要及时迅速的良好沟通。这不仅表现为智能化的通信系统，更为重要的是多语种人才（尤其是小语种）的引进和培养。粤东、西、北振兴发展的财政支持资金，需要拿出一部分做好"百年树人"的事情。

对粤东、西、北地区而言，这是全球化背景下新的发展机遇，也面临着全球化的竞争。如何建设开放型产业园，实现全球化背景下的竞争与合作，是一个亟待破解的命题，需要各方集思广益。

9. 富士康的选择是重要转型信号①

2011 年 7 月，富士康掌门人郭台铭透露，未来三年间，富士康将增加生产线上的机器人数量，主要用在喷涂、焊接、装配等流水线工序。这是一种信号：在中国经济发展中，资本逐渐替代劳动将是一种趋势，而且是一种不可逆转的趋势。

马克思在《资本论》（第一卷）序言中指出："工业较发达的国家向工业较不发达的国家所显示的，只是后者未来的景象。"也就是说，发达国家的今天，就是不发达国家的明天。在今天的欧美地区，资本密集型产业与技术密集型产业居多，人工是最贵的。中国作为制造业大国，其正在进行的道路，在某种程度上也将印证着这种规律。

这种规律的最先感知者是企业。企业是理性计算的主体，对市场的变化极其敏感，市场一变，马上理性应对。

富士康以机器人替代工人劳动是理性应对的具体表现。自从 2010 年富士康发生一系列事件之后，其劳动工资成本有较大幅度的上升。未来时期，中国劳动工资的上升将是一种趋势。中国老龄化趋势的加速，将使劳动力供求格局发生变化，剩余劳动力无限供给的时代即将结束，中国将丧失劳

① 本文发表于 2011 年 8 月 2 日的《羊城晚报》上。

动密集型的比较优势，"用工荒"有可能演变为常态社会问题。自2004年"民工荒"以来，农民工工资开始进入较快的上涨通道。短期内，农民工工资上涨未对我国制造业的国际竞争力产生明显冲击，一个重要的原因是农民工的工资基数低，企业储备了较强的工资消化能力，加薪是弥补历史欠账。但长期看，加薪潮后农民工工资已达到一个新水平，如果继续上涨，将耗尽企业的工资消化能力。近年关于中国人口红利所剩不多的看法，已经成为一种共识。而且，人口红利不在于人口的多少，而在于劳动工资的低廉。第一代农民工能够忍受低薪且辛苦的工作，但农民工的第二代、第三代，将越来越不愿意过着与父亲、爷爷那辈一样的生活。在这一背景之下，富士康作为一家大型的跨国代工企业必须要未雨绸缪，提前理性应对。让机器人替代工人劳动，就是其重要的一步。

富士康以机器人替代工人劳动是科学生产的具体表现。机器人的最大好处在于自动化、标准化、精密化与智能化。在特定的工序环节，机器人比工人更具优势。像富士康这样的代工企业，其生产模式在于批量生产，在于规模效应，如果采用机器人进行劳动生产，毫无疑问将有利于生产线管理的自动化、标准化和精密化，比用工人劳动更加容易实现自己的管理效果。这一次的生产方式的转型，或许可以使富士康在未来人口红利彻底消失时，保持着自己的生产和竞争优势。从这个层面上说，富士康所进行的，可以认为是一种人口红利的再创造。

同时，由于机器人自身可以批量生产，富士康使用机器人的成本将是递减的。面对递减的资本成本（机器人成本）和递增的工资（劳动力成本），选择资本替代劳动，是理性的。

科学发展需要把握与遵循发展规律。富士康的选择告诉我们，转型已经开始了，而且必须开始了。

10. 战略性新兴产业发展关键在"新"①

2010 年 5 月,广东省委、省政府出台《关于加快经济发展方式转变的若干意见》(以下简称《意见》)提出,要突出产业结构优化升级,加快培育发展战略性新兴产业。这是推动广东经济进入创新驱动、内生增长轨道的重要环节。战略性新兴产业的培育与发展,需要把握若干关键点,关键在于"新"。

一、新理念

传统产业发展多基于比较优势。战略性新兴产业发展,要突破基于劳动力成本低等比较优势的产业发展理念,不能囿于短期成本优势,要从国家动态竞争力的角度,选择高起点、跨越式的产业发展理念,重在形成长期技术优势与产品标准话语权。

二、新规律

纵观世界经济发展史,许多国家或地区曾经辉煌一时,但不能突破经济发展中收益递减规律的制约。每一次工业革命,都涌现出若干新兴产业,

① 本文发表于 2010 年 5 月 31 日的《南方日报》上。

突破收益递减规律的限制，实现了又一次经济起飞。战略性新兴产业发展，要突破收益递减规律的限制，保持产业综合要素生产率的动态提升，实现收益递增。这就要求战略性新兴产业一定是未来时期产业体系中的主干产业，产业基础元器件的升级可以推动整个产业的发展。《意见》提出近期重点发展的高端新型电子信息产业与半导体照明产业，重在其基础元器件的原创性、标准化与动态升级，这才是收益递增的源泉。

三、新形态

传统产业做大做强，可以通过自由竞争、优胜劣汰的自然选择来实现，产业组织形态由充分竞争向垄断发展。根据发达国家的经验，战略性新兴产业发展，是政府与市场"握手"联合推动的跨越式发展，一开始就具有一定的垄断色彩。如《2009 年美国复苏与再投资法案》、2009 年 9 月的《美国创新战略》，将新能源技术开发与应用列为国家未来发展的重点领域，其产业组织形态重在全球垄断。《意见》提出"省市联动，引导扶持各市集中资源培育发展战略性新兴产业"，要避免地区间产业同构现象重演，培育寡头垄断型企业，实现基于产业链整合的"大、中、小"共生产业形态。

四、新模式

战略性新兴产业多具有资本密集型与技术密集型特征，需要新的商业模式和融资模式。在政府财政投入与企业自主投资的同时，可以政府信用为基础发行债券募集资金，广东省政府可以进行可行性论证，委托财政部进行探索性融资；企业可以资产与未来收入流为抵押，通过金融市场跨时空的价值折现进行证券化融资，广东省培育的战略性新兴产业的龙头企业，要成为资本市场的后备上市公司。《意见》提出的"知识产权质押融资机制"非常重要,需要尽快具体细化,进入操作阶段。

五、新人才

战略性新兴产业发展,需要全面系统的智力支持。在全球化背景下,需要国际化的智力资本支撑体系,形成一个相对持久的全球范围的"融智"机制;建立战略性新兴产业国际性智力精英的人力资源储备库;鼓励和协助战略性新兴产业的企业与境内外高水平大学和研发机构建立联合研发平台,要及时追踪、了解、掌握产业技术发展的最新动态;省财政可列出战略性新兴产业专项科技经费,鼓励进行探索性试验项目。

六、新政策

战略性新兴产业的发展,需要非均衡的产业支持政策。《意见》指出,"十二五"期间省财政安排100亿元重点支持引导发展战略性新兴产业,这需要完善专项资金竞争性分配制度,强化资金分配的产业导向,弱化行政区域竞争,鼓励基于产业链融合的跨区域合作。同时要求地方政府资金配套,进行合法合规的融资模式创新。《意见》提出的"研发费用税前加计扣除""高新技术企业减按15%税率征收企业所得税"以及相关进口设备免税等政策,在战略性新兴产业领域怎样落实,需要税务部门尽快细化。同时,应允许战略性新兴产业的企业在一定时期内(尤其是起步阶段)经营亏损可以向前或向后若干年进行结转,进行税收抵免。

总之,战略性新兴产业发展是一个非均衡发展的系统工程,要突破传统发展思维模式,要有新定位、新政策和新手段。其发展过程也有"试错"的风险特征,需要新的风险分担与化解机制。

11. 战略性新兴产业发展的支持体系①

一、战略性新兴产业发展是增量提升带动存量优化的重要路径

我国渐进式改革的一个重要经验是通过增量提升带动存量优化。这是经济发展的基本规律：通过创新，通过"创造性破坏"，形成新的发展动力。2010 年 5 月，广东省委、省政府出台的《关于加快经济发展方式转变的若干意见》（以下简称《意见》）提出，要突出产业结构优化升级，加快培育发展战略性新兴产业。这是推动广东经济进入创新驱动、内生增长轨道的重要环节。战略性新兴产业的培育与发展，是经济发展的增量提升，需要形成新的认识。

1. 要突破收益递减规律的制约

纵观世界经济发展史，许多国家或地区曾经辉煌一时，却不能突破经济发展中收益递减规律的制约。每一次工业革命，都涌现出若干新兴产业，突破收益递减规律的限制，实现了又一次经济起飞。战略性新兴产业发展，要突破收益递减规律的限制，保持产业综合要素生产率的动态提升，实现收益递增。这就要求战略性新兴产业一定是未来时期产业体系中的主干产

---

① 本文应《广东地方税务》之邀而作。

业，产业基础元器件的升级可以推动整个产业的发展。《意见》提出近期重点发展的高端新型电子信息业与半导体照明产业，重在其基础元器件的原创性、标准化与动态升级，这才是收益递增的源泉。

2. 要突破比较优势的制约

传统产业发展多基于比较优势。战略性新兴产业发展，要突破基于劳动力成本低等比较优势的产业发展理念，不能囿于短期成本优势，要从国家动态竞争力的角度，选择高起点、跨越式的产业发展理念，重在形成长期技术优势与产品标准话语权。

3. 要突破产业组织形态的制约

传统产业做强做大，可以通过自由竞争、优胜劣汰的自然选择过程来实现，产业组织形态由充分竞争向垄断发展。根据发达国家的经验，战略性新兴产业发展，是政府与市场"握手"联合推动的跨越式发展，一开始就具有一定的垄断色彩。如新能源产业，《2009 年美国复苏与再投资法案》、2009 年 9 月的《美国创新战略》，将新能源技术开发与应用列为国家未来发展的重点领域，其产业组织形态重在全球垄断。《意见》提出"省市联动，引导扶持各市集中资源培育发展战略性新兴产业"，要避免地区间产业同构现象重演，培育寡头垄断型企业，实现基于产业链整合的"大、中、小"共生产业形态。

战略性新兴产业，多具有资本密集型与技术密集型特征，需要新的商业模式和融资模式。科技部部长万钢在 2010 年"两会"期间表示，"在战略性新兴产业中，'战略性'是针对结构调整而言的，'新兴'主要在于技术的创新和商业模式的创新"。

这种体现创新的增量提升，是一个系统工程，需要相应的支持系统。

二、投融资支持体系

战略性新兴产业发展，在投融资体制上需要创新，需要形成多元化的融资体系。

1．充分利用证券市场跨时空的资源配置功能

在政府财政投入与企业自主投资的同时，可以政府信用为基础发行债券募集资金，广东省政府可以进行可行性论证，委托财政部进行探索性融资。企业可以资产与未来收入流为抵押，通过金融市场跨时空的价值折现进行证券化融资。广东省培育的战略性新兴产业的龙头企业，要成为资本市场的后备上市公司。探索地方融资平台资产和负债证券化试点，充分利用金融手段支持战略性新兴产业发展。

2．利用产权交易市场拓展融资渠道

战略性新兴产业的企业发展需要融资渠道创新；建立非上市公司股权交易市场平台；发展各类股权投资基金，加快产权交易市场发展，拓展战略性新兴产业的企业融资渠道。

3．探索知识产权质押融资机制

技术与知识是战略性新兴产业的优势所在，这种优势可以转化为融资引力。《意见》提出的"知识产权质押融资机制"非常重要，需要尽快具体细化，进入操作阶段。

4．引导民间资本有序进入

战略性新兴产业发展需要多元化的投资主体。2010 年 5 月《国务院关于鼓励和引导民间投资健康发展的若干意见》发布，其中旨在推动民营企业加强自主创新和转型升级的第 26 条"鼓励和引导民营企业发展战略性新

兴产业"，需要具体细化，先行先试，进入操作阶段。

5. 风险化解与风险投资

战略性新兴产业具有高投资、高收益、高风险的特征，在不同行业中会以不同形式表现出来。要充分了解不同行业发展可能带来的负面影响甚至是风险，并趋利避害地作好应对风险的准备工作。鼓励各类风险投资机构、信用担保机构、金融机构对战略性新兴产业发展予以支持，这需要战略性新兴产业具体项目的科学论证、宣传与对前景的科学预测分析。

三、财税支持体系

1. 财政专项资金

战略性新兴产业发展，需要财税政策的大力支持。《意见》指出，"十二五"期间省财政安排 100 亿元重点支持引导发展战略性新兴产业，这需要完善专项资金竞争性分配制度，强化资金分配的产业导向，弱化行政区域竞争，鼓励基于产业链融合的跨区域合作。同时要求地方政府资金配套，进行合法合规的融资模式创新。

2. 税收支持

利用《珠江三角洲地区改革发展纲要（2008—2020）》赋予的"先行先试"的政策精神，争取对战略性新兴产业的税收支持。《意见》提出的"研发费用税前加计扣除""高新技术企业减按 15% 税率征收企业所得税"以及相关进口设备免税等政策，在战略性新兴产业领域怎样落实，需要税务部门尽快细化，为战略性新兴产业的企业纳税申报、税收咨询、税收管理等提供优质高效服务。

3. 结转与返还

应允许战略性新兴产业的企业在一定时期内（尤其是起步阶段）经营

亏损可以向前或向后若干年进行结转，进行税收抵免。对战略性新兴产业的企业当年上缴财政收入比上年增长幅度较大的，由政府按照当年上缴财政收入增长部分的一定比例对企业予以奖励。

4. 财政贴息

成立战略性新兴产业发展专项基金，对企业信贷融资提供担保和财政贴息补助。

5. 鼓励研发

鼓励和支持企业加大研发投资。鼓励战略性新兴产业的企业与高校、科研院所等科研机构联合技术研发，对科研机构、高校符合相关规定的技术转让收入，免征营业税。

四、人才支持体系

战略性新兴产业发展，需要全面系统的智力支持。在全球化背景下，需要国际化的智力资本支撑体系，形成一个相对持久的全球范围的"融智"机制。

（1）建立战略性新兴产业国际性智力精英的人力资源储备库。要追踪全球，作到及时了解国际上特定领域领军人物及其团队的基本信息，以便于沟通与联系，不求所在，但求所用。政府可支持企业派遣技术人员赴欧、美、日学习，也可请国际知名专家讲学与帮助企业培训技术人才。鼓励企业与行业协会积极参加国际组织，加强国际交流，通过举办国际论坛和展览会等活动，了解吸收战略性新兴产业发展的先进理念。

（2）鼓励和协助战略性新兴产业的企业与境内外高水平大学和研发机构建立联合研发平台，要及时追踪、了解、掌握产业技术发展的最新动态。

（3）省财政可列出战略性新兴产业专项科技经费，鼓励进行探索性试验项目。

（4）引导和鼓励组成技术联盟突破核心技术。在广东省人才与科研团队项目申报中，按照技术联盟条件，形成特别立项支持，或者开展特别委托项目。

总之，战略性新兴产业发展是一个非均衡发展的系统工程，要突破传统发展思维模式，要有新定位、新政策和新手段。其发展过程也有"试错"的风险特征，需要新的风险分担与化解机制。

战略性新兴产业的培育与发展，是转变经济发展方式的重要环节。这是一个系统工程，需要相应的支持体系。其中，投融资支持体系、财税支持体系、人才支持体系具体细化，协调互动，至关重要。对此，广东可以先行先试，率先发展。

第三篇 政策之力

市场是重要的，但是政府的干预也是非常必要的。

——斯蒂格利茨 2010 年《自由市场的坠落》

1. 改革：从政策到制度①

2012 年的《政府工作报告》有七十多处提到"改革"，涉及经济、政治、社会、文化等方面。这意味着改革将是全方位、多层次的推进，已经进入到顶层设计阶段；这意味着改革已从"点式"或"面式"的突进进入到立体式、系统化的秩序设计；这意味着改革已经从相机抉择式的政策层面推进到理性设计的制度层面。

回顾历史，经济社会的发展，实际上是人类社会合作秩序不断拓展的过程。合作秩序的拓展，依赖于行为主体能够突破时间、空间、血缘、地域、种族、传统等诸多方面的制约，进行理性计算和最优化选择。这需要一个可理性预期和计算的支持系统，即通过制度来保障合作秩序。从充满着不确定性的政策变革，到具有规模效应的合作秩序设计，是经济社会发展的内生性需求和自发演进，是一种必然趋势。改革就是为了更好的合作，更好的发展。

制度层面的理性设计，尤其需要大历史观，需要把握宏观大趋势。改革就是利益的博弈，既是当代人的博弈，也是当代人和后代人的博弈。我们要避免"我死后哪管洪水滔天"的短视，我们需要"功在当代利在千

---

① 本文发表于 2012 年 3 月 19 日的《南方日报》上。

秋"的长瞻。

改革的历史，就是"道是无情却有情"的历史。我们常说，历史是最无情的，一切是非成败，经过历史的检验，都会水落石出。所谓无情，凡逆天下大势者，必将退出历史舞台；所谓有情，凡顺天下大势者，历史必将永远铭记。此时，我们回想 1992 年发生的"春天的故事"，纪念邓小平南方讲话 20 周年。我们为什么要纪念？因为邓小平是对的！邓小平是顺天下大势者。邓小平是怎样做的？1978 年，邓小平是顺天下大势；1992 年，邓小平是在纠偏，把中国发展路径重新纳入到世界大趋势和基本规律之中。邓小平南方讲话的最大成就，就是巩固、推进、扩大了"中国奇迹"，推进了中华民族的伟大复兴。邓小平南方讲话 20 周年后的今天，我们应该如何面对经济总量世界老二、人均水平居后的局面？下一步，我们将怎样走？走向何方？我们心中既充满期待又充满惶恐，谁来指示一条明路？

我们期待通过制度建设激发人们的热情。我们期待像 1904 年《企业家》杂志发刊词那样激励每一个人："我是不会选择做一个普通人的，我有权成为一个不寻常的人！我寻找机会，但我不寻求安稳！我要做有意义的冒险！我要梦想，我要创造，我要失败，我也要成功。"

制度的理性设计，需要理念引领"有恒产者有恒心"。1623 年的《专利法》中有限责任的公司制度、注册制而非审批制的经济组织制度，都在一定程度上促发了 1783 年英国的工业革命。这是一个大变革的时代，通过系统化的制度建设，是一个使产业发展突破收益递减规律限制，从而实现收益递增的过程。这就是《共产党宣言》评价资本主义生产方式的历史背景："资产阶级在它的不到一百年的阶级统治中所创造的生产力，比过去一切世代创造的全部生产力还要多，还要大……过去哪一个世纪料想到在社会劳动里蕴藏有这样的生产力呢？"

回到现实，环顾全球，世界在干什么？2012 达沃斯世界经济论坛的主题是：大转型：塑造新模式（Big transformation：shaping new models）。讨论的侧重点，已经从如何拉动各国经济摆脱危机等具体、现实性的问题，转变为危机引发的结构性反思、制度性变革等深层次问题。全球政商界精英期待形成新的全球政治经济治理框架。

世界在纠错，纠错是一个自我变革的过程，纠错就是回到正确的路径，就是要顺天下大势。达沃斯世界经济论坛探讨资本主义的合理性及其未来命运，其实这是每一次危机之后都要反思的问题，1929 年世界经济大萧条后是这样，1997 年亚洲金融危机后也是这样。每一次纠错，每一次反思，都会有每一次的进步。

祸兮福所倚，福兮祸所伏。世界在纠错，我们却在过度欣喜，为世界老二的地位过度欣喜，这是很危险的。面对动荡的世界，我们如何正确地面对？如何寻找正确面对的方法？回想日本明治维新，制度变革为工业化服务；中国洋务运动，既定制度下谋求工业化。结果可想而知。政府主导、民间资本尚未得到充分发展的工业化，是不是最优选择？我们为何一直缺少商业望族？我们是走在市场经济的康庄大道上，还是有所迷失？

制度的理性设计，需要大智慧，需要具有面对世界的坚韧、勇气和理性。中国需要形成开放社会，开放社会的标志就是自我纠错机制，发达国家的生命力就在于此。工业化需要再次让民间资本焕发青春的力量，这背后需要制度的力量。

2. 经济发展理念的理性演进[①]

党的十七大报告指出："加快转变经济发展方式，推动产业结构优化升级。这是关系国民经济全局紧迫而重大的战略任务。"回顾新中国成立以来经济发展战略与方针路线的历史变迁，十七大提出的这一方针体现了经济发展理念的伟大变革与理性演进。

从"多快好省"到"又好又快"。20世纪50年代中后期，经济建设总路线是"多快好省"，是一个综合协调的理念。但急于摆脱贫穷与赶超发达国家的巨大政治热情，使之演变成"快是中心，速度是灵魂"的跃进路径，忽视了客观经济规律，造成资源配置效率低下，不具有可持续性。党的十一届三中全会以来，以经济建设为中心，开启了市场化取向的改革，经过"摸着石头过河"的探索与社会主义市场经济体制目标的明确，逐步确立了"走一条既追求速度又追求效益的国民经济发展道路"，简称"又快又好"。这创造了二十多年年均增长9%以上的"中国奇迹"。但由于分权化改革与地方竞争，片面追求GDP与吸引外资，中国逐步走上资本逻辑主导的路子，资源、环境、生态等承载压力快速提升，出现了达到"增长极限"的若干迹象。新世纪以来，面对国内外各种错综复杂的约束条件，中央政府

---

① 本文发表于2007年11月14日的《南方日报》上。

提出科学发展观，促进国民经济又好又快发展。"好"讲的是发展的质量和效益，"快"讲的是发展的速度。从"又快又好"到"又好又快"，这一顺序的改变，体现了全面落实科学发展观的本质要求，反映了经济发展理念的伟大变革。

从增长方式到发展方式。党的十七大报告用"转变经济发展方式"取代以往"转变经济增长方式"的提法，用"发展"取代"增长"，一个词的变化反映了经济发展理念的一次重大转变。经济增长，主要是数量概念，体现一定时期内商品与服务的生产数量变化。经济发展，不仅包含数量概念，更强调质量与协调的内涵，体现了经济规模、结构与效率的协调，体现了经济系统与人口、资源、环境等系统的协调。从一定意义上讲，增长是手段，发展是目的。如果单纯追求经济增长，很可能出现"有增长而无发展"的现象。经济发展是一项宏大的系统工程，需要一系列的自然、社会、国际条件。这些条件相互联系、相互作用、相互制约，不可能长期单兵突进。单纯经济增长易，经济发展难。对于增长与发展的关系，我们进行了长时间的探索。伴随着 29 年的高速增长，在经济实力不断增强、综合国力不断提高、人民生活不断改善的同时，我们也付出了增长的代价，经济发展越来越受到资源有限、环境污染的制约，越来越受到经济结构不合理的制约，越来越受到社会发展滞后的制约。从"粗放型增长方式"向"集约型增长方式"转变，从"发展才是硬道理"到"科学发展观"的提出，基本方略逐步清晰。转变经济发展方式，其内涵的深度、广度、协调度得到更充分的展现。

从数量扩张到优化升级。党的十七大报告强调，推动产业结构优化升级，要坚持走中国特色新型工业化道路，并详细规划了产业体系的发展方向。这反映了产业从数量扩张的平面概念转变到质量提升的立体概念。改革开放以来，依赖人口红利，承接国际产业转移，我国产业走上数量扩张的道路，使我们告别短缺，步入相对过剩阶段。但我们经历了"出口10亿条裤子换一架飞机"的现实，我们的加工贸易只能得到芭比娃娃最终售价的1/20，出口顺差扩大，贸易摩擦加剧。同时，要素成本增加，人口红利减弱，这需要产业体系与层次的升级优化。建立高质量的、完善的产业体系，不仅能进一步提升综合国力和国际竞争力，更能应对金融危机等意外冲击，维护经济安全与稳定。20世纪80年代以来历次发展中国家金融危机发生的根本原因在于缺乏完善的产业体系。

从"制造广东"到"创新广东"。对广东而言，贯彻落实党的十七大精神，要实现从"制造广东"向"创新广东"的转变，才能率先基本实现现代化，率先全面建成小康社会。在全球化背景下，世界工厂在中国，中国工厂在广东。回首广东制造业的发展路径：20世纪80年代靠土地收益，但目前土地有限，要素成本上升；20世纪90年代靠低工资的人口红利，但新世纪"民工荒"的出现预示着人口红利将会逐步消失。市场短缺格局不复存在，国内外市场竞争日益加剧；广东能源消费位居全国前列，主要靠省外输入的能源、资源供给紧张。新世纪，广东发展靠什么？只能靠创新，靠技术，靠生产率的提升。这需要按照"要大力推进经济结构战略性调整，更加注重提高自主创新能力、提高节能环保水平、提高经济整体素质和国际竞争力"的精神，努力提高创新能力，建设创新型广东。

3. 政府与市场在更高层次上握手①

《珠江三角洲地区改革发展规划纲要（2008—2020 年)》（以下简称《纲要》），既是对珠三角地区 30 年发展的历史总结，更是对珠三角地区未来发展的蓝图描绘，其实质是政府与市场在更高层次上的又一次握手。

我国改革开放的进程是政府不断增进市场的过程。1979 年中央针对广东所发的 50 号文，其精神是"特殊政策，灵活措施"。这是在"摸着石头过河"的改革背景下，政府与市场的尝试性握手，珠三角的地域市场优势与政府以经济建设为中心的战略决策进行尝试性握手，这一握手的结果是珠三角地区引领了中国大陆不可逆转的市场经济进程。

在新世纪、新的历史条件下，在全球化和区域经济一体化背景下，历经 30 年高速增长的中国逐步由大国向强国迈进。强国需要强地区的支撑。先行地区的进一步发展不能仅仅靠"摸着石头过河"，还需要有更明确的发展目标与发展路径。"强"的表现是科学发展，靠的是在远景目标明晰的情况下不断成熟的市场机制有效配置资源的路径探索。市场化程度较高、具备科学发展基础条件的珠三角地区面临着由大区向强区的转变。珠三角地区发展便上升为国家发展战略，成为探索科学发展模式的试验区和深化改

---

① 本文发表于 2009 年 3 月 8 日的《羊城晚报》上。

革的先行区。

《纲要》的精神是"科学发展，先行先试"。政府想用《纲要》的"规划之手"，通过增进市场功能和弥补市场不足，依靠"先行先试"发挥市场机制的灵活性、创新性、动态性和纠错性，促进珠三角地区并带动其他地区科学发展。这是在市场经济体制逐步建立完善过程中，政府与市场为了明确的目标而进行的更高层次上的握手。

当前的紧迫任务是，珠三角地区怎样进行这次具有里程碑意义的握手？

重在激励相容。作为国家发展战略的珠三角地区，一方面要实现地区发展一体化，另一方面要形成对区域外的辐射与带动。要实现这两个方面关键是合作。合作成功与否，取决于合作主体之间能否实现激励相容。这种合作应该是正和博弈，而不能是零和博弈或负和博弈，应该实现合作收益的利益均沾。珠三角地区要实现激励相容，需要处理好两个关系：一是利益关系均衡化，要用历史的、长远的、宏观的视野，处理好短期利益和长期利益的关系，不可小富即安，不因政府换届等因素而产生不确定性；二是利益关系契约化，地区之间要形成利益分配与补偿机制，签订相关风险化解的保险承诺契约。这是在尊重市场精神条件下进行科学发展探索的必要尝试，也是深化改革不能回避的关键环节。如果珠三角地区的激励相容机制取得突破，对于中国的区域协调发展，将产生巨大的制度和路径示范效应。这是国家赋予珠三角地区的历史使命；这是《纲要》5处提到"试验区"或"先行区"、6处提到"改革试点"、8处提到"示范区"的原因所在，也是《纲要》要求珠三角地区"率先构建社会主义和谐社会""率先建立完善的社会主义市场经济体制""率先探索经济发展方式转变，城乡区域协调发展，和谐社会建设的新途径、新举措"的原因所在。

重在产业整合。区域一体化，不仅仅在于商品与要素市场一体化，更在于经济社会发展一体化。经济社会发展的每一个方面都可以归结到具体的产业。放眼全球，区域一体化比较成功的案例是欧盟经济共同体和美加墨自由贸易区。其中主导合作机制是产业整合：各地区由于合作的起点不同，在产业链的不同环节和产业的不同层次上，进行区际分工与合作，用制度安排降低合作的交易成本，从而实现合作剩余与利益均沾。《纲要》全文中关于"重要基地"的提法有 42 处，"重大项目"的提法有 63 处，涉及经济社会与现代产业体系的各个层次与环节。其中，珠三角地区要成为"世界先进制造业和现代服务业基地"，必须形成具有广度和深度的、多层次的产业关联体系，形成大、中、小企业共生与合作的格局。这种产业整合，一方面要尊重市场规律和产业发展规律，另一方面要利用"规划之手"顺应市场、增进市场，形成规模效应和集聚效应。

重在创新升级。创新是市场的生命力，是经济社会发展的动力所在。《纲要》11 处提到"开发新区"，以"率先"为引语的有 28 处。这表明《纲要》要求具有较好的智力支持和基础配套条件的珠三角地区以创新为使命，以创新为发展的灵魂。这些创新，既要有产业形态的创新，科学技术的创新，园区运作的创新，更要有管理制度与发展模式的创新。通过创新体系的建设与形成，形成收益递增和发展升级的良性机制。这是政府通过"建构之手"促进创新，顺应市场"物竞天择"的理性演进，增强区域竞争力的必然表现。

4. 新常态：市场与法治同行①

19 世纪初，拿破仑说："中国是一头沉睡的狮子。当它醒来时，全世界将为之震动。"2014 年 3 月 27 日，中法建交 50 周年庆典，习近平主席说："中国这头沉睡的狮子已经醒了。"此时，全世界真的为中国而震动了。新中国改革开放三十多年的最大成果是，中国经济总量于 2010 年始位居世界第二。这不仅是中华民族伟大复兴的体现，更是全球化进程中具有决定性影响力的大事件。中华民族由盛而衰，再由衰至盛，这一大国案例是空前的，在人类历史上是鲜见的。

当前的问题是，狮子醒来之后，将如何行走，走向何方？伟大复兴是否具有可持续机制和坚实的微观基础？2014 年，醒来的狮子，正行走在关键节点上，既要总结历史，又要规划未来。

连接历史和未来的战略性研判，由 2014 年 12 月中央经济工作会议进行了总结性的具体阐释：新常态。新常态，既是对过去三十多年经济发展的阶段性总结，又是未来经济发展的逻辑起点，同时还概括了新工业革命带来的经济社会模式冲击。经过三十多年的高速增长之后，中国进入中高速增长阶段，这是新常态；经济社会的微观组织运行模式快速变化与转型，

① 本文应《广东地方税务》之邀而作。

这是新常态。认识、适应、引领新常态，是每个人、每个企业、每个地区都要肩负的使命。我们税务人，也要进入税务新常态。

作为战略性研判，新常态的提出，具有历史大背景，发生着历史大事件。2013 年的三中全会，2014 年的四中全会，是我国改革开放史上两个关键性事件。三中全会对全面深化改革作出了顶层设计，确定了市场的决定性作用；四中全会落实了这个顶层设计，为市场的决定性作用确定了运行规则，即从法治上提供可靠保障。两次全会的决定，是相互联系、缺一不可的统一。

这意味着，进入新常态，市场与法治同行。

发挥市场的决定性作用，是一种新常态，更是一种新动力。三中全会提出，"紧紧围绕使市场在资源配置中起决定性作用，深化经济体制改革"。这句话，是未来中国经济政策的主线，也是中国国家治理体系与治理能力现代化的主线。记住，市场无限，创新无限，自由无限，发展无限。

依法治国，本身是常态，更是新常态的保障。四中全会提出，社会主义市场经济本质上是法治经济。法律是利益的分配书。在市场经济运行中，不同时期、不同地区、不同阶层的行为主体，存在着这样那样的利益冲突，需要法律作为规则，构建良好的市场秩序。四中全会提出全面推进依法治国，核心是为市场经济运行秩序进行了顶层设计。市场活动，要突破空间、时间、血缘等的限制，一定要对风险可预期。规则，对于市场活动的理性计算至关重要。依法治国，就是要发挥市场规则的规模经济效应。记住，法律不是限制自由，而是为了维护和扩大自由。

进入新常态，税务工作也必然是市场与法治同行。市场行为的变化，如何影响税收的宏观走势、结构变迁和微观基础？一切皆法治，税收征管如何从"警察与小偷"的对抗模式转向"公司与客户"的合作模式？

我们准备好了吗？无论如何，新常态会使我们前行，无论主动抑或被动。只要前行，我们就会有收获，就会成熟，就会进步。

2049 年，人们在欢庆新中国成立 100 周年时，会回想起 2014 年发生的事情。

2014 年，注定是值得历史记忆的一年。

5. 经济自由依赖于税^①

2011 年 6 月 3 日，国务院批转的国家发展和改革委员会《关于 2011 年深化经济体制改革重点工作的意见》指出，加快构建有利于经济发展方式转变的体制机制，重点之一是加大垄断行业的改革力度。在历经三十多年的市场化改革进程深入推进之际，如何消除与抑制垄断（尤其是行政性垄断），形成相对公平的竞争环境，形成相对和谐的市场经济秩序，已经成为转变经济发展方式的关键内容之一。

任何改革都是利益的博弈与利益格局的调整，都会面临各种各样的困难和阻力。行政性垄断是我国垄断行业的基本特征，其背后依托的是行政性特权，追根溯源是国家权威。加大垄断行业的改革力度，一直面临着"罗素难题"（谁给理发师理发），所以必须进行顶层设计，解决这一难题。也许在短时间内不可能系统地解决这一难题，但我们现在的探索与改革不能偏离目标，应该紧紧围绕形成公平竞争环境这一目标进行，通过公平竞争实现经济效率。加大针对垄断行业的税制改革，是可行的路径之一。

市场经济的内核是经济自由，自由选择的权利是你的，自由选择的结果也是你的。公平竞争的市场逻辑是激励相容，通过使别人幸福来实现自

---

① 本文发表于 2011 年 6 月 13 日的《南方日报》上。

己的幸福。垄断的最大问题是妨碍了经济自由，垄断企业通过强大的市场力量限制了其他企业的自由选择权，获得了垄断利润。垄断的逻辑是通过别人的不幸来实现自己的幸福。20世纪末的"微软案"就是一个经典案例。微软的垄断是市场性垄断，而不是行政性垄断。尽管如此，由于微软市场力量过于强大，破坏了竞争秩序，被美国和欧洲的法院判定违反了各自的反垄断法。

　　针对垄断行业的税制改革，就是要通过限制垄断企业的幸福来实现别人的幸福。这需要解决几个问题：从何处入手？怎样征收？税收收入到哪里去？怎样花？

　　垄断企业一般鲜有主动转型的，没有激励去自我限制幸福。限制垄断企业的幸福，必然要从其幸福的市场表现——垄断利润入手，这会直接影响垄断企业成本与收益的核算。征收暴利税（或垄断利润税）是必须迈出的第一步。税收的基本特征是强制性、固定性、无偿性，其背后依托的是国家权威。针对垄断企业征收暴利税，是用国家权威的手段解决国家权威派生的问题。通过税收手段，使垄断企业的利润率尽量趋近社会平均利润率，尽量实现市场竞争的结果公平。通过结果公平，倒逼削弱起点不公平与过程不公平。

　　接下来的问题是，如何界定垄断？怎样核算垄断利润？暴利税如何设计与实施？这是一个系统工程，在此不可能详述技术细节，但基本思路需要清晰。垄断的界定，不仅要依靠反垄断法，还要依靠市场表现，如运行成本、市场份额、利润等与行业平均水平或社会平均水平的差异。税率设计可以参照所得税，采取累进制。

　　最主要的是，暴利税收入用在何处？取之于垄断，用之于民。税收的正义性在于政府利用税收收入提供公共物品。我们的和平环境，我们的安全，我们的自由，依赖于税。

针对垄断行业的暴利税，必然引起垄断企业的激烈反对。谁都不想自己的"奶酪"被别人动了，这是来自私利的本能反应。暴利税收入的支出，要体现用"公益"遏制"私利"，表明征收暴利税的正义性。

中国社会"未富先老"，社会保障体系是中国经济社会的稳定器。一是可以用暴利税收入来建立广覆盖的社保体系，削平城乡差异与地区差异，实现底线均等与底线保障。二是可以用暴利税收入充实个人社保账户，防止"账户空账"运行。这样，不但解放了当代人，更解放了未来人。更为重要的是，基本公共服务均等化有助于降低中小企业的福利成本，有利于形成公平竞争的市场环境，进而提高经济效益。

利用暴利税收入支持研发，形成行业的技术公共物品。垄断企业的创新激励多有不足，因模仿等"搭便车"行为的存在，技术创新不足将会制约行业的转型升级。利用暴利税收入形成创新发展基金，取之于垄断，受益于全行业、全社会，有利于公平竞争。

针对垄断行业征收暴利税，绕不开"国进民退"的争议。国有经济与民营经济的竞争，其背后是两类不同的企业家精神的竞争。我们期待的是企业家精神更多地配置到"生产性努力"之中，而不是"分配性努力"之中。这依赖于公平竞争的市场环境和可形成稳定预期的市场秩序。在公平环境下，基于产业链的内生需要，国有经济与民营经济可能形成竞争与合作的关系，这一争议也许就无声地消失了。

政府与市场的关系，不应是替代关系，而应是互补关系，对于转轨时期的中国更是如此。针对垄断行业征收暴利税，营造公平竞争的经济环境，体现了政府增进市场的职能。这一政策逻辑，不仅适用于垄断行业的改革，更适用于诸多方面。

6. 间接调控如何抑制地方投资冲动①

　　投资体制改革一直是我国建立宏观经济调控体系的核心环节。国务院颁布的《国务院关于投资体制改革的决定》，提出要加强和改善投资的宏观调控，综合运用经济的、法律的和必要的行政手段，对全社会投资进行以间接调控方式为主的有效调控。这不仅是中央政府针对当前经济波动进行宏观调控的结果，更是市场化改革与经济转型的必然要求，具有改革与发展的双重意义。

　　我国经济的市场化进程正在快速推进，在资源配置中市场的基础性作用逐步提高。与之相伴的是，市场化的投资体系在逐步形成和不断完善，投资决策的市场化程度不断提高。这就要求对投资的宏观调控，要顺应投资的市场化进程，采用市场化的调控手段。

　　按照市场经济运行的客观规律，根据投资宏观调控的目标，运用财政、金融、价格等各种经济手段，对市场行为主体的成本与收益产生影响，从而熨平经济波动。只有市场化的经济手段通过不断地实践并渐趋成熟，投资的间接调控方式才能逐步形成和生效。

　　法治是政府和市场正常运作的基础，政府和市场都应该是法治的。投

---

　　① 本文发表于 2004 年 9 月 8 日的《南方日报》上。

资宏观调控的法律手段可以使市场主体按照统一的规则限定各自的投资行为，政府以规范的准则调控投资活动。法治最大的意义在于：通过法律背后的充分信息，形成投资主体的稳定预期；通过理性预期实现理性选择；通过法律的"程序正义"，形成政府调控的"实质正义"。

发达市场经济国家对一些大型投资项目的核准，主要就是通过法律程序来决定的。这一点，对于"形象工程"投资的制约或杜绝至关重要。

处于转型之中的中国经济尚具有"行政主导"的色彩，许多投资主体还不是真正意义上的市场主体，市场手段对它们不能充分发挥作用。比如对于一些地方政府、国有企业、国有银行来说，很多经济手段对它们不一定起作用。由于法治是一个渐进的过程，不可能一蹴而就，投资的相关法律体系尚待健全，法律的执行效率尚待提高，因此，法律的调控手段有时会出现"远水解不了近渴"的局面。

法治的不完善决定了必要的行政手段是需要的，有时候只有行政手段才能起作用。尤其是在我国各地区间存在"行政性区域市场分割"的情况下，中央政府通过行政手段，对于制止投资的地区理性导致全国非理性的"合成谬误"现象，具有重要意义，江苏"铁本事件"充分证明了这一点。当然，我们不需要过度的行政手段。

可以说，投资宏观调控方式的转变、调控手段的综合运用，是我国经济改革与发展进程中所面临的各种约束条件综合作用的结果，也是政府宏观调控的理性选择。

投资的宏观调控是中央政府的职责，其成败不仅取决于未来的不确定性，更取决于中央与地方利益的博弈。地方政府的投资冲动一直是中央政府宏观调控的着力点，也是一直没有解决的问题。在投资宏观调控方式转变的过程中，综合运用多种手段，抑制地方投资冲动或熨平由投资冲动引起的经济波动，非常重要。

首先要认清投资冲动的深层次原因——地方政府的考核。这是投资宏观调控向间接方式转变的最大障碍，也是经济波动的体制原因。这使得中央宏观调控成为经济波动之后不得不做的一件事，但调控成本较高，且效率在递减。因此，要按照科学发展观的要求，改革地方政府绩效的考核制度，消除 GDP 崇拜，引导区域之间的理性竞争，尤其是要避免政府换届所引起的"政治周期性"的投资波动。

投资冲动的另一原因是投资资金的源头——银行。中国具有典型行政主导的间接融资型金融结构。银行资金在信贷运行过程中的漏损，尤其是银行资金的财政化，多是地方政府行政干预的结果。只有银行成为真正的金融企业，成为调控政策传导机制中的一个有效环节，才能抑制投资冲动。

充分重视并服务于市场力量。在市场化改革不断深入的背景下，投资宏观调控的实现程度和实施效果，主要取决于市场力量。对政府的"逆经济风向"调控，市场的嗅觉非常灵敏。在没有最优选择的情况下，让市场力量代替政府冲动，也许是一个次优选择。

让市场力量代替政府冲动需要政府在投资领域少做运动员，做好裁判员和服务员。作为地方政府，应该履行科学的、可持续的投资规划职能。关于政府与市场关系的最新理念是"政府增进市场"。科学的投资规划和有效的市场性规制，不仅有助于弥补市场失灵，更有助于为市场的成长提供一个良好的环境。

7. 我是税收我怕谁①

我叫税收。人们说到我时，常常说我有三个特征：强制性，固定性，无偿性。我很自豪，因为"强制性"使我显得威武雄壮、豪气冲天。我的腰杆可硬了，因为有国家机器为我撑腰，有一系列税法为我撑腰。谁敢欺负我？

我有一个兄弟叫费，他的名声可不太好。有点人人喊打、民怨沸腾的架势。他的后台可没有我硬，大多是部门出台一些规定而已，这些规定还经常变动。

中国的文化博大精深，文字太好了，表达很精确。人们为了尊重我，当需要行动时，称为缴税。"缴"这个字，可不得了，"缴枪不杀"的"缴"，一看就体现了强制性。不服不行！哼，谁敢忽视我？我是税收，我怕谁？我那个兄弟的待遇，就不一样了。交费，"交易"的"交"。有交易，享受了服务，使用者才付费，不使用不付费。

有段时间，兄弟瞎闹腾，完全乱了规矩，规模竟然超过了我。我不着急，走着瞧！让你瞎折腾，没有好结果。这不，总理在一次"两会"后的记者会上，严厉批评了我那个兄弟：费大于税，民怨沸腾。老实了吧！税

---

① 本文应《广东地方税务》之邀而作。

费分流归位。路归路，桥归桥。有点像我的，就随我名叫税；相对合理的、不像我的，还叫费；瞎折腾的、不合理的，开除！我还是老大！无论国内国外，我都是老大。兄弟你就老老实实待着，记住"缴"与"交"的区别！

哎呀！最近有些不对劲呀！我听到很多人在议论我。凭什么税率那么高啊？凭什么税收收入规模那么大呀？凭什么税收收入增长速度比经济增长速度快很多呀？那么多税收收入都花到哪里去了？

好多人都喊着要"减税"。我有点蒙，一下子把我推到哲学层面：从哪里来？长多快？到哪儿去？我的父母叫税源，也就是经济活动。可是父母从哪儿来的呢？哦，经济活动都是人民群众创造的，我的老祖宗是人民。

我从一出生就离开了具体的父母了，我的出身应该没问题。我长得很快吗？这可由不得我，有股力量在催着我长。我去哪儿？这个也不是我说了算。怪不得有人说，税收，应该低下高傲的头！应该回到人间，看看你出生的地方。

有人棒喝我：税收负担过重，伤害了经济活动。哎呀！这可是说我伤害了父母呀！伤害父母，那就是不孝啊！我怎么就不孝顺了呢？我想起来了，因为我的出生，我父母失血过多。父母有没有康复，我就不知道了。我怎么才能使父母健健康康呢？我想想！有些头疼！

我是不是太高傲了？都是"强制性"惹的祸，"强制性"使我给人感觉高高在上。看来，小时候价值观就出问题了。滚蛋吧，强制君！我来自人民，我要服务于人民！看来，我那个叫费的兄弟的某些方面，还是值得我学习的。服务，才是我存在的根本。我思故我在！

真是高处不胜寒啊！我是税收，我怕谁?! 我是不是错了?!

我要好好反省！等着我，有些事儿，我是要说清楚的。

8. 顶层设计着重优化社会激励结构①

　　十八大报告是新时代背景下的一份行动纲领，指引着人们迈向未来的远景。中国经济总量已经位居世界第二，新时代的使命是强国。强国的核心在于把握历史规律和发展趋势。近现代世界经济发展的主题是工业化以及由工业化带来的城市化，这一进程将持续下去。中国的强国战略不能偏离这一主题。

　　十八大报告明确提出，"牢牢把握发展实体经济这一坚实基础，实行更加有利于实体经济发展的政策措施"。改革开放以来，中国经济高速增长的主要动力是工业，特别是制造业。工业是中国成为世界有影响力大国最重要的经济基础，直接支撑着中国的国际地位。实体经济是强国战略的坚实基础。

　　围绕这一主题，需要解决一个关键问题：如何形成一个动态优化的社会激励结构？十八大报告高瞻远瞩，着力从理念与制度层面进行顶层设计，这将有利于形成推进强国战略实施的社会激励结构。

　　市场是社会激励结构的主线。十八大报告明确提出，"经济体制改革的核心问题是处理好政府和市场的关系，必须更加尊重市场规律，更好发挥政府作用"，"着力激发各类市场主体发展新活力"。发达国家的发展历史

---

　　① 本文发表于 2012 年 12 月 17 日的《南方日报》上。

和我国改革开放以来的发展实践证明，在人类历史上，迄今为止，市场配置资源虽然不一定是最优的，却是最有效率的方式。"早进入市场，早受益"，这是一个真实的写照。十八大报告明确提出，"更大程度更广范围发挥市场在资源配置中的基础性作用"。这意味着我国市场化进程将有一个质的飞跃，将会推进社会主义市场经济体制进行系统性优化与提升。

公平是社会激励结构的内核。十八大报告强调了生产领域和分配领域的公平。生产领域的公平，是一个社会良性发展的基石，因为生产决定分配、流通、消费等社会再生产的各个环节。十八大报告明确提出，"保证各种所有制经济依法平等使用生产要素、公平参与市场竞争、同等受到法律保护"。这是极其重要的理念创新亮点之一，对于打破行政性垄断，着力激发各类市场主体发展新活力，极为重要。分配领域的公平，决定着和谐有序的社会运行。十八大报告明确提出，"初次分配和再分配都要兼顾效率和公平，再分配更加注重公平"。初次分配要兼顾公平，对于打破由于行政性因素导致的初次分配扭曲格局，具有极其重要的指导意义。

效率是社会激励结构的目标。人类社会的发展实践证明，经济社会发展的根本动力来自于效率的提升。十八大报告提到的两点极其重要：一是，企业是效率的主体。报告明确提出，"着力构建以企业为主体、市场为导向、产学研相结合的技术创新体系"。的确，大国的崛起，必然是公司的崛起。企业是创新的主体，是效率提升的最直接的推动者。二是，生产率决定报酬。报告明确提出，"努力实现居民收入增长和经济发展同步、劳动报酬增长和劳动生产率提高同步"。不论何时，不论何地，劳动报酬的差异，最根本的因素应该是生产率的差异，这是一个放之四海皆为准的基本法则。可以预期，未来时期，这一基本法则在我国的有力实施，将有利于形成这样一个局面：收入差距首先表现为生产率差距。这将有利于打破各种行政性寻租的纠结困境，使行为主体着力于提高自身生产率，从而推动经济社会快速健康发展。

现实是社会激励结构的指向。十八大报告的理念与制度顶层设计，是要着力解决现实中的重大问题。报告强调了三个关键方面：

一是城乡一体化发展。报告强调，"改革征地制度，提高农民在土地增值收益中的分配比例"。这是一个尊重现实的理念创新。土地增值收益，是财产权收益。农民享受土地增值收益，是其拥有财产权的具体体现，既符合经济学逻辑，又符合现实逻辑。这对于推进农村经济发展极为重要。报告强调，"促进城乡要素平等交换和公共资源均衡配置，形成以工促农、以城带乡、工农互惠、城乡一体的新型工农、城乡关系"。平等交换与均衡配置，这是城乡一体化发展的根本路径，是消除一直存在的城乡"剪刀差"现象的根本动力。

二是"五位一体"，强调生态文明建设。十八大报告明确指出，"深化资源性产品价格和税费改革，建立反映市场供求和资源稀缺程度、体现生态价值和代际补偿的资源有偿使用制度和生态补偿制度"。市场供求关系与代际补偿，这是生态文明建设的核心法则。这意味着一切资源将是有价的。资源约束必须纳入行为主体的生产预算约束，这是经济社会可持续发展的根本保障。

三是社会保障体系。保障体系是公众实现自由与自尊平等的基础。十八大报告明确指出，"要坚持全覆盖、保基本、多层次、可持续方针，以增强公平性、适应流动性、保证可持续性为重点，全面建成覆盖城乡居民的社会保障体系"，"建立兼顾各类人员的社会保障待遇确定机制和正常调整机制"。这意味着社会保障制度改革将深化提升，公平和谐、跨区域流动、稳定未来预期将成为改革的着力点，从而构建经济社会发展的底线保障机制。

9. 调结构是硬道理中的硬道理[①]

中国经济向何处去？这是一个举世瞩目的问题，是关乎"中国梦"如何实现的问题。中央高层给出了"稳增长，调结构，促改革"的新增长之路。新增长之路，是质与量并重的经济发展之路。其中，调结构是形成科学的宏观政策框架的微观基础和基本实现路径。发展是硬道理，调结构是发展的硬道理。

在经济发展的过程中，产业的收益递减规律时刻在发挥着作用。不能突破该规律，只能繁荣一时；如果能够突破该规律，尤其是持续不断地突破该规律，则可繁荣一世。突破的关键在于创新，创新就是要形成新的经济增长点，就是要培育新的可以实现收益递增的部门，就是要以新的增长点替代或者改造旧的增长点。

经济发展的核心在于扬弃。扬收益递增的部门，弃收益递减的部门。扬弃的过程就是调结构的过程。调结构就是遵循收益递增规律，就是做大"蛋糕"，做大 GDP。不调结构，就是遵循收益递减规律，就是任由"蛋糕"变小，任由 GDP 变小。

以调结构的手段，实现持续快速的经济增长，这是新增长路径的核心

---

① 本文发表于 2013 年 7 月 22 日的《南方日报》上。

所在。调结构本身就是新的增长点，就是经济增长的持续动力源。环顾古今中外，调结构是一个永恒的动态过程。正所谓：世界潮流浩浩荡荡，顺之则昌，逆之则亡。工业革命前后，因美洲金银输入而繁荣的西班牙，因忽略了调结构，只繁荣了一时；英国的调结构，促发了工业革命，把半个地球都征服在了脚下。"二战"之后的日本，因为成为"出售晶体管的国家"而繁荣，却因没有及时调整到新信息技术领域而产生房地产泡沫，进入了"失去的20年"。

世界上没有永动机，也没有一劳永逸的快速增长的经济体。变是绝对的，不变是相对的。变的过程，就是调结构的过程。所以，新增长之路，就是要追求结构调整的产出增长效应。

因此，调结构不仅仅是要剪掉"头上的小辫子"，更要剪掉"心中的小辫子"。我们要认识到，调结构和经济增长，不是对立的，而是相互促进的。即使是追求政绩，追求 GDP 效应，也需要调结构；如果不调结构，市场自身的力量，也会慢慢调整，有时甚至会很快调整。调结构，就是和市场握手，就是寻求社会先进的潮流并顺势而为；不调结构，就是落后于市场，就是逆社会潮流。柯达公司因为没有顺应数码技术的发展潮流而固守胶卷技术，其结果只能是被市场所淘汰。因此，剪掉"心中的小辫子"（把增长和调结构相对立的认识），这是调结构的第一步，是任何一个行为主体都需要突破的心理门槛。有限理性的"小我"容易出现迷失，这是人性的弱点，更是调结构的难点。一旦实现突破，就具备了进入"自由王国"的可能条件，这是一个放之四海而皆准的道理。

中国改革开放的经验是增量改革，增量改革就是调结构的过程。目前改革进程中诸多深层次矛盾靠存量改革是很难解决的，最终还是要在存量改革中寻求"增量改革式"的创新，尤其是制度增量的创新，才能最终实现突破。从这个意义上讲，调结构的过程，就是"中国梦"的实现过程，就是探索中华民族伟大复兴的可持续机制的过程。

谁来完成这一过程呢？结构变迁，是依靠强制性变迁，依靠政府，依靠建构理性？还是依靠诱致性变迁，依靠市场，依靠演进理性？这是一个永恒的话题。在不同的时期，不同的地方，不同的约束条件下，有着不同的答案。

结构关系，就是相对关系。调结构，就是调整相对关系，使新增长点多一些，传统增长点少一些。相对关系的调整，就是利益关系的调整，就是相对价格（相对收入、相对成本、相对利率、相对生产率）的调整，而且是相对价格不断调整的动态过程。

因此，调结构需要拨开经济增长纷繁复杂的迷雾，回到相对价格。相对价格变，则结构变；相对价格止，则结构止。其实，从经济学意义上讲，调结构的过程，就是"套利"的过程。无论是宏观结构调整，还是微观结构调整，莫不是如此。这是我们深层次认识调结构的关键点。调结构，不能雾里看花，不能水中望月，而是要看清经济运行的质。

政府可以依靠"有形的手"（如税收、管制），改变相对价格。政府的有限信息和自身的偏好，有可能导致新增长点"汹涌而上，澎湃而落"，调结构有可能调出新的结构失衡。市场可以依靠"无形的手"（价格信息传导），自动调整相对价格。因市场的有限理性，分散决策的行为主体有可能判断失误，导致资源配置未能很好地匹配社会偏好。

各有千秋，何为主导？人类社会发展的过程，就是经济制度竞争的历史过程，优胜劣汰。历史淘汰的无情之中，蕴藏着有情之意：留下了较有效率的经济制度。市场经济制度，就是较有效率的、经过"大浪淘沙"的制度。

　　因此，调结构，市场是主导。但在市场发育过程中，或者市场不健全的环境中，需要"有形的手"与"无形的手"实现握手：政府增进市场。这一认识，说过千遍不厌倦。因为政府与市场不是替代关系，而是互补关系，对转型中的中国而言，至关重要。我们要认识到，调结构的"调"，并不等于政府干预，而是政府增进市场功能的完善。

10. 结构闯关的路径突破①

在经济社会发展转型的关键时刻，战略选择至关重要，正所谓：顺则昌，逆则亡。供给侧结构性改革，是新常态下极其关键的战略抉择。准确理解并有效实施这一战略抉择，极其重要。近日，朱小丹省长指出，供给侧结构性改革，是一次结构闯关。结构闯关，既是对这一战略抉择认识高度上的提炼，又是面对这一战略抉择的魄力与信心的体现。关，在那里；梦，在远方。为了更好的愿景，结构必须顺应规律而变，必须冲破艰难险阻而变，必须勇往直前而变。

结构闯关，就是从思想和理论高度上闯关。供给侧结构性改革的实质，是要回到生产的决定性，回到马克思社会扩大再生产循环理论：生产决定分配、流通、消费，后三者反作用于生产。这一循环，依靠生产的决定性，推动着经济社会的前行；同时，每一个环节都要比较顺畅才行，否则循环就会出现问题阻滞不前。这既不是单单关注供给，也不是仅仅关注需求，而是要把供给和需求背后的核心规律体现出来。人类研究的分类之手，常常把经济社会大系统分为一个一个模块，如果不能回到大系统本身，那就容易铸成大错。要闯关，需要厘清认识，顺应规律。想当年，广东的价格

---

① 本文发表于 2016 年 3 月 14 日的《南方日报》上。

闯关，就是对经济规律的深刻认识，牵一发而动全身，商品市场盘活了；想当年，广东的加工贸易，就是对国际经济大循环的深刻认识，融入全球价值链，世界制造中心就从此起步了。看今朝，结构闯关，我们需要冲破思想上的片面认识，旗帜鲜明地回到社会扩大再生产循环理论；望未来，今天的结构闯关，又是一个新起点。上一轮闯关，是把经济做大；这一轮闯关，是把经济做强。

结构闯关，就是一场企业的管理革命，是企业组织结构的闯关。现代企业理论最经典的结论是，当管理上的协调比市场的协调更有效率和更有利可图时，现代工商企业才会产生、成长、发展、壮大。世界经济发展史也充分证明了这一点。大国的崛起，是公司的崛起；公司的崛起，是企业家精神的崛起；企业家精神的崛起，一定体现为企业的管理革命和组织行为的创新。所谓"僵尸企业"，特征之一就是缺乏活力。如何激发企业活力，如何提升企业发展动力，如何实现所有权与经营权的激励相容，如何让每一个工作的人理解其所工作的意义并为之自豪，都需要管理革命与组织行为的创新。当微观企业的管理协调充分显示了效率，整个社会分工体系也就有了效率，市场也就繁荣了，供给侧结构性改革的目标也就实现了。微观企业，规模可大可小，产品种类可多可少，大、中、小微企业共生并存，是供给侧的产业链内部循环，也是市场体系的微观基础。各类企业都有其可持续的组织行为方式，市场一定是运行有效的。结构闯关，一定程度上说，是企业家的一场认识革命与实践革命。

结构闯关，就是资源错配的再配置，是改变企业生存条件的闯关。资源永远是稀缺的，"僵尸企业"的存在，一定是资源错配了。错配的资源需要再配置，就是要改变企业的生存条件。这需要：路归路、桥归桥，分流归位、分类配置。属于市场的，让市场管。市场的选择机制，决定资源的流向。属于政府的，让政府管。政府的"父爱主义"，需要一定的边界。否则，企业就会僵而不死，最终阻碍社会扩大再生产的循环。这一点，说起来容易，做起来非常难。正因为如此，我们需要闯关，需要壮士断腕之勇气。求生存，需要铁手腕。如果寻求解决之道，资源再配置的收益，部分纳入社保基金，保障被安置员工的民生，是一个可行之道。三十多年改革的经验之一就是：市场意义上的企业生存条件，越完善越好；多人受益，少人受损或无人受损，受损者有所补偿，改革越容易推进。企业的生存条件变了，人的生存条件和意识也就随之而变了。"温水煮青蛙"式的"僵尸企业"生存模式必须要变，否则最终受害的是生活在其中的人。

结构闯关，最终是实现供给与需求的结构匹配。这一结构匹配是动态的。我们当前的主要矛盾和难点在供给侧，所以要进行供给侧结构性改革，要闯关。这一关，必须要成功！这是由大到强的关键一关，这是夯实国际地位的关键一关。

11. 基本公共服务均等化是城乡
一体化机制建立的关键环节①

《中共中央关于推进农村改革发展若干重大问题的决定》（以下简称《决定》）把加快形成城乡经济社会发展一体化新格局作为根本要求，明确指出：到2020年，农村改革发展基本目标任务之一是城乡经济社会发展一体化体制机制基本建立。而城乡一体化体制机制基本建立的一个关键环节是城乡基本公共服务均等化。

《决定》全文共十次提到"公共服务"。第一次，指出了问题："农村社会事业和公共服务水平较低。"第二次，明确了目标任务："城乡基本公共服务均等化明显推进。"第三次，指出了遵循的重大原则："必须统筹城乡经济社会发展，始终把着力构建新型工农、城乡关系作为加快推进现代化的重大战略……把国家基础设施建设和社会事业发展重点放在农村，推进城乡基本公共服务均等化，实现城乡、区域协调发展。"

第四、五、六次，指出公共服务是建立、促进城乡经济社会发展一体化制度的重要组成部分。"尽快在城乡规划、产业布局、基础设施建设、公共服务一体化等方面取得突破，促进公共资源在城乡之间均衡配置、生产

---

① 本文发表于2008年11月2日的《羊城晚报》上。

要素在城乡之间自由流动，推动城乡经济社会发展融合。""统筹城乡基础设施建设和公共服务，全面提高财政保障农村公共事业水平，逐步建立城乡统一的公共服务制度。"第七次，强调了基层政府公共服务的职能。"着力增强乡镇政府社会管理和公共服务职能。"第八、九、十次，指出公共服务是建立新型农业社会化体系的关键组成部分。"加快构建以公共服务机构为依托、合作经济组织为基础、龙头企业为骨干、其他社会力量为补充，公益性服务和经营性服务相结合、专项服务和综合服务相协调的新型农业社会化服务体系。加强农业公共服务能力建设，创新管理体制，提高人员素质，力争三年内在全国普遍健全乡镇或区域性农业技术推广、动植物疫病防控、农产品质量监管等公共服务机构。"《决定》的第五部分"加快发展农村公共事业，促进农村社会全面进步"，就广义而言，就是全面阐述农村公共服务发展问题，从文化、教育、医疗卫生、社会保障、基础设施和环境、扶贫开发、防灾减灾、社会管理八个方面进行了详细部署。

《决定》规划了城乡基本公共服务均等化的蓝图，在宏观上指出了具体实现路径。公共服务发展首先要解决资金问题。要坚持工业反哺农业、城市支持农村和多予少取放活方针，扩大公共财政覆盖农村范围。《决定》强调了几大制度建设：

完善农业支持保护制度。要健全农业投入保障制度，保证各级财政对农业投入增长幅度高于经常性收入增长幅度，大幅度增加国家对农村基础设施建设和社会事业发展的投入，大幅度提高政府土地出让收益、耕地占用税新增收入用于农业的比例，大幅度增加对中西部地区农村公益性建设项目的投入。

建立现代农村金融制度。要加快促进商业性金融、合作性金融、政策性金融相结合，建立资本充足、功能健全、服务完善、运行安全的农村金融体系。加大对农村金融政策支持力度，拓宽融资渠道，综合运用财税杠杆和货币政策工具，定向实行税收减免和费用补贴，引导更多信贷资金和社会资金投向农村。

健全转移支付制度。要扩大县域发展自主权，增加对县的一般性转移支付，促进财力与事权相匹配，增强县域经济活力和实力。采取多种措施增强基层财力，逐步解决一些行政村运转困难问题，积极稳妥化解乡村债务。

建立健全补偿制度。健全农业生态环境补偿制度，形成有利于保护耕地、水域、森林、草原、湿地等自然资源和农业物种资源的激励机制。多渠道筹集森林、草原、水土保持等生态效益补偿资金。建立粮食主产区利益补偿制度，加大对产粮大县的财政奖励和粮食产业建设项目扶持力度，加快实现粮食增产、农民增收、财力增强相协调。

财政分配与税收分配并重。一方面，财政转移支付是缩小区域、城乡差距的重要手段，以实现公共服务均等化为目标。目前，我国财政转移支付在缩小区域、城乡差距上效果尚不够理想，部分领域有拉大差距的态势。另一方面，我国存在税收与税源背离现象。从理论上说，税收与税源具有一致性的关系，谁提供税源，谁就参与税收分配，有多大的税源就得到多少税收。但受现实条件制约，二者往往不一致。税收分配应以税源贡献大小为依据，目前，我国税收转移大致呈现出由经济欠发达地区向发达地区转移、乡村向城市转移的特征。因此，我们需要完善财政分配和税收分配体制，尽快实现城乡基本公共服务均等化。

12. 利益协调：形成基于市场的激励与治理结构①

回望世界经济发展，大国的崛起，一定是公司的崛起；大国的可持续发展，一定是公司的可持续发展。一个经济体对世界发展的贡献，一定体现在自由企业制度上，或者说，世界和平发展的基础在于自由企业制度。中国经济位居世界第二，是伟大复兴的核心表现，其背后是各行各业无数个公司的崛起。伟大复兴的可持续发展机制，在于公司的可持续发展机制。

基于此，顺应世界发展大势和规律，结合国情和世情，十八届三中全会提出"发挥市场在资源配置中的决定性作用"。市场的决定性作用需要具体化。2015 年 8 月，中共中央、国务院出台的《关于深化国有企业改革的指导意见》（以下简称《意见》），就是要把市场决定性作用具体化，具体化的载体就是国有企业。

国有企业向何处去？争论一直伴随着改革的进程，激进者有之，保守者有之，静观其变者有之。其实，争论的背后一定是利益之争，只是诉求的表现形成不同，诉求的渠道不同，诉求的效果不同。但这其中，出现了一种悖论：既得利益者阶层反对改革，利益受损者阶层也反对改革。前者反对改革，因为改革拿了他们的"蛋糕"；后者反对改革，就有些难以理解

---

① 　本文发表于 2015 年 9 月 21 日的《南方日报》上。

了。但存在就有其合理性，后者反对改革，是认识出了误区：认为改革造成了他们的利益受损。其实后者没有意识到：正是不改革造成了他们的利益受损，因为不改革的后果一定是国有企业的整体塌陷，既得利益者通过各种渠道实现了利益腾挪。既得利益者往往是强势群体，人数不多；利益受损者往往是弱势群体，人数众多。二者一起反对改革，则让人不免唏嘘：为什么会这样？

国有企业改革的过程，应该是进入市场的过程，是成为市场经济条件下真正意义上企业主体的过程。既得利益者往往因国有企业不进入市场或者晚进入市场而获益，因为行政性垄断是超额利润的保障；利益受损者也是因国有企业不进入市场或晚进入市场而受损，但他们没有意识到"早进入市场，早受益"。让利益受损者认识到这一点，却是一个渐进的过程，甚至是有难度的。在一定程度上，既得利益者利用利益受损者的力量实现了自己的目的；而利益受损者则想当然地把既得利益者作为自己的代言人，试图寻求多分一杯羹。正是这种利益协调的悖论，使得国有企业的改革进程时进时退。实际上，对于大多数的弱势群体而言，市场是最好的利益协调者。

《意见》不回避问题，明确指出："一些企业市场主体地位尚未真正确立，现代企业制度还不健全……一些企业管理混乱，内部人控制、利益输送、国有资产流失等问题突出。"这些问题的核心就是：如何形成真正意义上的市场主体，如何形成统筹利益相关者的利益协调机制。

《意见》开篇强调："国有企业属于全民所有。"作为顶层设计，《意见》就是要从根本意义上尝试解决这一利益协调悖论，尝试保护大多数人的根本利益，而无论利益受损者是否认识到问题的关键所在。其解决的路径就是要形成基于市场的激励和治理结构。

《意见》强调："坚持社会主义市场经济改革方向。这是深化国有企业改革必须遵循的基本规律……促使国有企业真正成为依法自主经营、自负盈亏、自担风险、自我约束、自我发展的独立市场主体。"改革开放以来，关于市场化改革的话语有很多很多，但这段话，说过千遍也不多。更为重要的是，在改革的此情此景之下，坚持市场，这是顶层设计的指向；独立市场主体，这是顶层设计的目的所在。

国有企业公司制改革是这一改革方向的具体实践。到 2020 年，国有企业公司制改革基本完成，是实现全面建成小康社会的根本保障。公司制改革的关键在于《意见》所指出的："切实解决一些企业董事会形同虚设、'一把手'说了算的问题，实现规范的公司治理。要切实落实和维护董事会依法行使重大决策、选人用人、薪酬分配等权利，保障经理层经营自主权，法无授权任何政府部门和机构不得干预。"如果政府部门能够做到法无授权不可为，规范的公司治理就有了良好的逻辑起点；如果"一把手"只能高官、高薪选其一，解决内部人控制问题就有了良好的逻辑起点；如果经营层能够基于市场的判断自主经营，具有市场约束的公司治理就有了良好的逻辑起点。

任何改革都是靠人完成的。世界经济发展史告诉我们，职业经理人市场是公司发展不可或缺的。《意见》指出："推行职业经理人制度……畅通现有经营管理者与职业经理人身份转换通道，董事会按市场化方式选聘和管理职业经理人，合理增加市场化选聘比例，加快建立退出机制。"基于市场的经理阶层支配的工商企业，是社会分工出效率的体现，更是市场发挥决定性作用的微观基础。这是实现《意见》所指出的"企业内部的薪酬分配权是企业的法定权利"的微观基础。

一部改革史，跌宕起伏。《意见》将是其中一道靓丽的风景。

13. 法治与市场是实现"中国梦"的关键支点①

　　十八届三中全会、四中全会，是我国改革开放史上两个关键性事件。十八届三中全会对全面深化改革作出了顶层设计，确定了市场的决定性作用；十八届四中全会落实这个顶层设计，为市场的决定性作用确定了运行规则，即从法治上提供可靠保障。两次全会的决定，是相互联系、缺一不可的统一。

　　十八届四中全会提出，社会主义市场经济本质上是法治经济。法律是利益的分配书。在市场经济运行中，不同时期、不同地区、不同阶层的行为主体，存在着这样那样的利益冲突，需要法律作为规则，构建良好的市场秩序。十八届四中全会提出全面推进依法治国，核心是对市场经济运行秩序进行了顶层设计。

　　一是维护和扩大市场自由。市场的要义是自由选择。法律不是限制自由，而是为了维护和扩大自由。个体自由的基础是产权。十八届四中全会提出，"健全以公平为核心原则的产权保护制度，加强对各种所有制经济组织和自然人财产权的保护，清理有违公平的法律法规条款"。同时提出，"加强市场法律制度建设，编纂民法典，促进商品和要素自由流动、公平交

---

　　①　本文发表于 2014 年 11 月 10 日的《南方日报》上。

易、平等使用"。因此，市场自由选择有了游戏规则。自由选择的权利是你的，自由选择的结果也是你的；出现争议，法律说了算。

二是发挥规则的规模经济效应。自由选择，一定是基于理性计算的。市场活动要突破空间、时间、血缘等的限制，一定要对风险可预期。规则，对于市场活动的理性计算至关重要。十八届四中全会提出，"以保护产权、维护契约、统一市场、平等交换、公平竞争、有效监管为基本导向，完善社会主义市场经济法律制度"，这就是要发挥市场规则的规模经济效应。同时，产权制度使行为主体可以做到"有恒产者有恒心"，可以留住并激励民营企业家。十八届四中全会《中共中央关于全面推进依法治国若干重大问题的决定》（以下简称《决定》）第五部分"增强全民法治观念，推进法治社会建设"，人人懂法，人人依法，法治将成为市场理性计算的新常态。

三是实现统一市场，消除行政性市场分割。十八届四中全会提出，"最高人民法院设立巡回法庭，审理跨行政区域重大行政和民商事案件。探索设立跨行政区划的人民法院和人民检察院，办理跨地区案件"。这对消除区域市场壁垒极其重要，未来市场将边界无限。

四是法为依据，形成政府三张清单：权力清单、负面清单、责任清单。十八届四中全会《决定》提出，"加强对政府内部权力的制约，是强化对行政权力制约的重点"，"完善审计制度，保障依法独立行使审计监督权"，"全面推进政务公开"等。这是要进一步理顺市场与政府的关系，发挥市场的决定性作用，对政府的三张清单的具体设计提供实施保障。

第四篇　宏观之妙

宏观如此重要，还是小心为妙。

——刘金山

1. 提升潜在增长率是突破中等收入陷阱的关键路径^①

如何突破中等收入陷阱，是实现"中国梦"所面临的关键问题之一。在寻求突破之前，要厘清中等收入陷阱问题的核心所在。中等收入陷阱的表象是，人均收入达到一定水平后，无法可持续地增长，并出现了徘徊或倒退。问题的实质在于，为什么人均收入无法可持续地增长？这不是短期无法增长，而是长期无法持续增长，经济增长没有可持续动力作为支撑。这表明，突破中等收入陷阱，我们必须探寻长期增长背后的核心动因。如果不能基于这一核心动因进行政策设计和制度设计，只是依靠短期经济刺激政策，则有可能陷入"滞胀"或泡沫经济的窘境。

一个国家或地区长期经济增长的决定因素，是其潜在产出水平。潜在产出是指在既定的技术和资源（资本和劳动等）条件下，在不会引发加速通货膨胀的情况下，所能达到的可持续的最高产出。这类似一个工厂的最大生产能力。

现代经济学理论所论证的均衡增长路径，其实就是潜在增长率，即经济运行处于潜在产出水平时的增长率。潜在增长率可视为经济增长的长期均衡水平和趋势水平。

---

① 本文发表于 2013 年 6 月 17 日的《南方日报》上。

　　由于有限理性，人们往往重视短期问题，而忽视长期问题，尤其是似乎虚无缥缈的"潜在增长率"，国家或地区也是如此。我们常常把日本"失去的 20 年"归因于 1985 年"广场协议"后日元的升值，但为什么日本长期的低利率刺激经济政策没能拉动经济增长呢？其关键原因在于，经过"二战"后多年高速增长的日本经济的潜在增长率呈现出下降趋势。当前以货币刺激为主的"安倍经济学"，如果不能正视潜在增长率下降这一趋势，其效果必将是"昙花一现"。一些拉美国家和地区，没能突破中等收入陷阱，就是经济高速增长阶段后没能正确认识与有效应对潜在增长率下降的趋势。或者说，中等收入陷阱是潜在增长率下降的具体反映。

　　正确认识与有效应对潜在增长率变化趋势，是突破中等收入陷阱的关键路径。改革开放以来，中国经济经过三十多年的高速增长，也同样出现了潜在增长率下降的趋势。目前学术界达成的共识是，我国潜在增长率已下降到 7% 左右。

　　已经步入中等收入阶段的中国经济，需要正视潜在增长率问题。如果不能正确认识潜在增长率的应有水平，而一味通过政策刺激追求高速增长，很可能重蹈其他国家和地区泡沫经济的覆辙。我们需要暂别凯恩斯（1936年出版的《就业利息和货币通论》一书的作者，主张政府采取刺激经济的政策以弥补有效需求不足），不能主要依赖需求管理政策。

　　总需求与总供给相互作用，决定了经济运行的格局和状态。但潜在增长率的变化，主要受供给方面相关因素的制约。影响潜在产出的因素主要有劳动、资本和全要素生产率。全要素生产率主要反映劳动、资本、技术、管理等所有投入要素的综合产出效率。在经济转型时期，全要素生产率的提高，主要依赖技术进步、技术效率、制度创新、资源再配置（尤其是劳动力再配置）等。正如经济学家贾康等人所言，中国在相当长时期内经济领域的主要矛盾是在供给侧，需要以改革为核心带动中国经济总供给的质量上升，为中国经济持续、长期的繁荣和发展及现代化战略目标的实现奠定基础。

从供给侧着手，通过生产领域的资源配置效率和生产率的提升，稳定或提升潜在增长率，是突破中等收入陷阱的最为关键的环节之一。或者说，突破中等收入陷阱，是"生产"出来的，而不是"分配"出来的，更不能靠"货币冲击"来实现。

提高全要素生产率是稳定或提升潜在增长率的关键，我们需要探索"生产率强国"并突破中等收入陷阱的具体路径。1783 年英国的工业革命，依靠产业资本与商业资本互动的配置效率提升而促进了生产率的提升，极大地释放了生产能力，实现了经济发展的收益递增。美国的强国梦，是依靠产业资本、金融资本与人力资本互动的配置效率提升而推动生产率快速提升而实现的。

我们如何寻求突破？改革红利是一个重要方面。改革红利，实际上是市场经济制度红利，核心是要解除抑制社会再生产的制度约束，动员一切可以动员的力量，发挥一切资源的潜力。我们需要反思并重新认识市场经济，进行一场思想领域的"市场经济革命"，厘清市场的本质，厘清"人类合作秩序是如何通过市场而拓展的"。我们要回到亚当·斯密（1776 年出版《国富论》一书的作者），追寻国民财富的性质和原因以及其背后的制度支持系统。

我们更需要把握世界经济运行趋势的科技脉搏。在一定意义上讲，第三次工业革命是一场生产革命。第三次工业革命所蕴藏的制造范式变革以及由此引起的社会运行范式变革，将对不同国家和地区的生产率与潜在增长率产生极大的影响和冲击。具体效应如何，取决于各自的应对。

　　我们需要认真研究第三次工业革命的技术范式变迁，并以此定位好产业转型、升级或创新的方向，并进行顶层设计，逐步缩小与发达国家的"技术鸿沟"。这是提升潜在增长率最为核心的路径，也是影响世界格局变迁的稍纵即逝的一个机遇。如果抓得住，抓得准，中等收入陷阱将不再是一个问题，会不知不觉被解决的。如果抓得慢，抓得偏，突破中等收入陷阱，将是一个漫漫历程；或者说，我们还将跟在后面，漫漫求索，慢慢前行。

2. 关注价格走势背后的货币因素①

4月，本应是艳阳天，但价格走势却有些阴云蔽日。2009年4月数据显示，我国居民消费价格水平（CPI）同比下降1.5%，降幅比3月份扩大0.3个百分点。这是自2008年5月居民消费价格水平增幅进入"下降通道"以来趋势的进一步强化，也是2009年2月以来居民消费价格总水平连续3个月呈现负增长态势。

同时，4月份我国工业品出厂价格（PPI）同比下降6.6%，降幅比上月扩大0.6个百分点。这显示出，自2008年8月工业品出厂价格增幅进入"下降通道"以来，其走势更加严峻，也是2008年12月以来，工业品出厂价格连续5个月呈现负增长态势。而且，自2008年11月工业品出厂价格增幅低于居民消费价格水平增幅以来，二者之间的差距越来越大，在同属"下降通道"的路径中，呈"剪刀"形状的发展态势。由于工业品出厂价格的走势经过一段时间会直接或间接传导到居民消费价格水平上，这预示着，未来时期居民消费价格水平结束"下降通道"的路程还有待时日。

总体看，居民消费价格水平走势出现V型的可能性不大，触底反弹不会太快出现，但很可能出现U型态势，下降态势尚未扭转，到达底部后还

---

① 本文发表于2009年5月24日的《羊城晚报》上。

将徘徊一段时期。

价格是经济运行的晴雨表。在价格走势表象的背后，是多种经济力量在相互作用。市场需求，或者说，市场面临的压力，是价格走势的决定性因素。从宏观上讲，经济系统中的货币量在一定程度上就代表着这种需求或压力。我们必须关注价格走势背后的货币力量。

数据显示，2009 年 4 月末，我国广义货币供应量（M_2）余额为 54.05 万亿元，同比增长 25.95%；狭义货币供应量（M_1）余额为 17.82 万亿元，同比增长 17.48%；流通中的现金（M_0）余额为 3.43 万亿元，同比增长 11.26%。

货币供应快速增长，虽然是一种经济活力的表现，但必须关注货币供应增长中的结构性特征及态势，这才是价格走势的决定性力量，其走势也是需要我们高度警惕的。

狭义货币供应量，反映着经济系统中的现实购买支付能力，直接对市场形成需求压力，其走势反映了即期需求的态势。广义货币供应量不仅反映现实的购买支付能力，还反映着潜在的购买支付能力，其走势反映了即期需求和远期需求总规模的变化情况。

近期数据显示，虽然货币量增速尚可，但其结构性变化态势不容乐观。从 4 月份数据看，流通中的现金的增速低于狭义货币供应量的增速，狭义货币供应量的增速低于广义货币供应量的增速，而且增速差距很大。

这表明，即期需求，也就是直接的市场需求压力，增长相对缓慢；潜在或远期的购买力，增长相对较快；同时也可能是，有些即期需求转化为了远期需求，即期市场活力不足。

从狭义货币供应量占广义货币供应量的比重看，2009 年 1 月至 4 月分别为 33.30%、32.78%、33.26%、32.97%，这种体现经济活力的指标水平并不高，即期需求占即期与远期总需求规模的份额在三分之一以下，而且呈现徘徊下降的趋势。这表明目前市场活力不足，货币没有对市场形成足够的需求压力。

从流通中的现金看，情况也不容乐观。2009年1月至4月，流通中的现金余额分别为4.11万亿元、3.51万亿元、3.37万亿元、3.43万亿元。即使考虑1月份春节等节假日现金量突增因素，但2月份、3月份的负增长局面以及4月份的缓慢增长态势，都显示出市场信心和市场活力的恢复还为时尚早。

在政府扩大内需政策不断出台、投资力度不断加大、向市场注资规模不断提高的情况下，更需要关注这种货币运行的结构性态势。

总之，货币因素的结构性向下力量，工业品出厂价格水平与居民消费价格水平的"下降通道"，众多因素的相互作用，组成了我国经济运行态势由W型向U型转化以及在扩大内需政策作用下，二者可能相互转化的复杂图景。

3. 紧货币近防通胀，松生产远抑通缩①

通胀，还是通缩？这是一个问题。求解的关键在于厘清当前经济形势。2009 年上半年，GDP 数据是一片艳阳天，同比增长 7.1%，其中第一季度 6.1%，第二季度高达 7.9%。但这是否意味着经济持续复苏？有待洞察。

从价格指标看，居民消费价格水平（CPI）、工业品出厂价格（PPI）连续数月下滑，进入"下降通道"，彰显通缩趋势；但楼市、股市等资产价格，石油、煤炭、有色金属等资源类商品价格不断上扬，通胀似乎蓄势待发；水价、电价等公共产品（服务）类价格的上涨，加大了对通胀趋势的注解。

当前经济形势的复杂之处在于：结构性逆向分化，通胀的推力与通缩的拉力并存。

从投资需求看，2009 年上半年，我国固定资产投资高达 9.1 万亿元，但政府投资成为主导力量，而以市场因素进行理性计算的民间投资却处在偏冷区间，政府投资怎样避免"挤出效应"，尽量发挥"溢出效应"带动民间投资，需要进一步考量。同时，中央投资强劲，地方配套困难。审计署提供的数据表明，4 万亿投资计划在具体落实中，中央投资资金到位率

---

① 本文发表于 2009 年 8 月 19 日的《南方日报》上。

94.01%，地方配套资金到位率只有47.98%。地方配套资金不到位，会使部分项目进展缓慢，从而使中央投资"四两拨千斤"的作用难以发挥。

从消费需求看，2009年上半年，全国社会消费品零售总额同比增长15%，消费增长平稳，但在消费增量中政府和企业的贡献超过一半，居民消费相对疲软。中国人民银行第二季度全国城镇储户问卷调查显示，居民消费意愿降至历史最低。同时，2009年上半年，农村消费增长连续6个月快于城市消费增长，主要得益于刺激内需的短期政策效应，而并非农民增收效应。工资性收入已成为农民收入的重要来源，但企业生产景气的恢复需要时日，农民增收难度很大。

从对外贸易看，出口尚冷，进口更冷。2009年上半年，我国进出口总额同比下降23.5%，其中出口下降21.8%，进口下降25.4%。出口下降相对较慢是我国出口退税等优惠政策效应的结果。由于我国加工贸易的特殊生产结构，进口下降，反映出生产领域的复苏尚待时日，这一点更需要我们关注。

从政府支出看，中央政府4万亿元以及地方政府配套数十亿元的投资主要投向基础设施项目，投入保障体系的资金远远不够。我们常提到并仿效罗斯福新政，但罗斯福新政的本质含义不仅在于政府修建基础设施提供公共物品，更在于建立了一套经济社会保障体系。

从货币运行看，2009年6月末广义货币供应量（M_2）余额与狭义货币供应量（M_1）余额同比分别增长28.5%和24.8%；但不容忽视的是，热钱为此作出了部分贡献，仅第二季度就有约1 200亿美元流入国际热钱。2009年上半年，金融机构贷款比年初增加近7.4万亿元，为2008年全年新增贷款的1.5倍。但新增货币量和新增贷款的流向却呈结构性偏差：流入股市、楼市多，流入资源类产品市场多，流入大宗商品市场多，流入国有企业多；

流入一般商品市场少，流入民营企业少，流入中小企业少。更为严重的是，与前几年国际热钱涌入境内赌人民币升值不同，近期短期跨境资本涌入主要在于相对火爆的股市和楼市；实体经济预期收益充满着不确定性，部分企业把资金投入资本市场，国内各类资金的潮涌，形成"国内热钱"的市场冲击；热钱内外夹击，进一步催生了更加火爆的资产价格。

以上分析表明，生产调整的难度远远大于需求调整。从短期看，扩需求、保增长易，扩大内需政策的短期效果充分发挥；从长期看，调结构、促生产难，支撑经济持续复苏的市场力量的微观基础有待进一步恢复。

从表象看，各类经济指标结构性逆向分化，其实质却殊途同归，实体经济未热尚冷，或者说，货币领域快热，生产领域慢热。货币领域成为通胀的推力，生产领域成为通缩的拉力。

对此，要近防通胀，远抑通缩。经济指标的结构性逆向分化，决定了当前的政策取向需要结构性分离，需要"紧货币，松生产"，紧货币以防通胀，松生产以抑通缩。

紧货币，需要内外兼顾，量息分离。外防"国际热钱"流入，严查虚假贸易、虚假投资进入我国境内进行投机套利；内防信贷资金违规进入股市、楼市，推高资产价格，避免造成"资产价格上涨挤压实体经济复苏"的局面。此时，货币政策要防止货币量过快增长，严格控制信贷规模脱离实体经济，严防宽松的货币政策在近期引发资产价格泡沫。但不能采用加息手段，加息会进一步挤压实体经济，还会引起"国际热钱"的进一步流入，会引起人民币进一步升值压力。

松生产，要优化信贷结构，强化保障体系。优化信贷结构，要加强对信贷资金投放的监测与指导，加大对中小企业等实体经济复苏薄弱环节的金融支持，缓解企业融资难的问题；出台具体措施引导、鼓励增加民间投资，建立有利于中小企业信贷的金融政策环境和金融服务体系；要改善对进出口的金融服务，完善并创新出口信用保险、出口信贷和出口融资担保方式；要加强跨境资本流动监测与管理。当前积极的财政政策的一个重点应该是：充分利用财政性公共投资，建立与完善社会保障和基本公共服务体系。这可以改善居民消费预期，释放居民消费潜能。更重要的是，通过提高社会保障的覆盖面，实现"底线均等"和"底线保障"，通过政府提供的基本公共服务来化解企业的员工福利成本，促使企业稳步复苏；同时，有利于中长期提高消费需求的机制设计，为扩大消费创造更好的条件和环境。

4. 经济回升：持续复苏还是不确定反弹①

夏日，热浪滚滚，GDP 数据亦热火朝天。2008 年上半年，GDP 同比增长 7.1%，其中第二季度同比增长高达 7.9%，是我国经济自 2007 年第三季度以来同比增速连续 7 个季度回落后的首次加速。漂亮的 GDP 数据的反弹，是否意味着经济持续复苏？在这漂亮的增长曲线背后，是各种经济力量一致性推动的持续复苏，还是各种经济力量结构性分化下的不确定性反弹，抑或短期经济政策的效应结果，需要认真观察和理性判断。

经济运行的各类指标显示，在此轮经济回升的背后，存在着冷热不均的结构性分化。

货币运行存在虚热。从货币运行看，2009 年 6 月末广义货币供应量（M_2）余额为 56.89 万亿元，同比增长 28.5%，狭义货币供应量（M_1）余额为 19.32 万亿元，同比增长 24.8%，流通中的现金（M_0）余额 3.36 万亿元，同比增长 11.5%。信贷大量投放派生存款，是导致近期货币供应量快速增长的主要原因；国际热钱对货币量增长也作出了部分贡献，仅第二季度就有约 1 200 亿美元流入国际热钱。可见，货币量增长来源存在"虚热成分"。

---

① 本文发表于 2009 年 8 月 9 日的《羊城晚报》上。

在货币量膨胀的同时，M_0 增速慢于 M_1，反映近期需求的 M_1 增速慢于反映潜在需求的 M_2，近期需求虽然增加，但相对于潜在需求而言，活力依然不足；近期需求占潜在需求的比重（M_1/M_2）为 33.96%，刚刚超过三分之一，虽然有所增加，但其反映出经济活力依然不足。这表明货币结构存在"虚热成分"。

2009 年以来，金融机构贷款比年初增加近 7.4 万亿元，为 2008 年全年新增贷款的 1.5 倍，呈超常规膨胀式增长。其中，中长期贷款新增 3.77 万亿元，短期贷款新增 1.79 万亿元，票据融资新增 1.71 万亿元。新增贷款主要应该来于实体经济的需求。这种以中长期贷款为主的结构本来是为实体经济服务的，但由于信贷资金流向的结构性偏差，部分信贷资金通过各种渠道进入了股市、楼市、有色金属市场进行投机套利，形成了中长期贷款的短期化行为。信贷资金的超常规增长，超过了实体经济的需求，存在"虚热成分"。

价格运行有冷有热。从价格指标看，自 2008 年 5 月以来，居民消费价格水平（CPI）增幅进入"下降通道"，自 2009 年 2 月以来，居民消费价格水平（CPI）增幅连续数月呈现负增长态势。自 2008 年 8 月以来，工业品出厂价格（PPI）增幅进入"下降通道"，自 2008 年 12 月份以来，工业品出厂价格连续数月呈现负增长态势。居民消费价格水平、工业品出厂价格似乎彰显通缩趋势，这显示出实体经济并没有走出衰退泥潭。

同时，资产价格与资源类商品价格却在飞速上扬。自年初以来，A 股市场指数已反弹 80% 左右，7 月份 A 股涨幅全球第一，国内股市保证金余额猛增至 1.62 万亿元，境内外资金不断进场。北京、上海、广州、深圳等一线城市的房价从 3 月底开始快速上涨，但与此同时，火爆的楼市背后却存在着另一情景，与实体经济密切相关的商铺和工业地产销售量萎靡不振，价格相对较低。铜、铝等有色金属商品价格飞速上涨，国内企业购买量或进口量远远超过企业正常生产的库存量，甚至出现了企业囤积原材料投机套利的局面。其背后的成因是，近期短期跨境资本涌入股市、楼市和资源类商品市场，境内部分企业把资金投入资产市场与资源市场，形成国内外热钱的联合冲击。

投资需求政热民冷。投资是目前 GDP 反弹的绝对主力，其中政府投资居于主导地位。上半年，我国固定资产投资高达 9.1 万亿元，同比增长 33.5%。其中，国有与集体经济直接控制的投资同比增长 48.5%，其他成分企业投资同比增速仅为 24.8%，政府投资与民间投资的增速相差几乎一倍，民间投资水平处于偏冷区间。政府投资怎样避免"挤出效应"，尽量发挥"溢出效应"带动民间投资，是非常值得我们关注的。

中央投资相对强劲，地方配套困难。审计署提供的数据表明，4 万亿投资计划在具体落实中，中央投资资金到位率 94.01%，地方配套资金到位率只有 47.98%，二者相差接近一倍。地方配套资金不到位，会使中央投资"四两拨千斤"的作用难以发挥。

以上分析回答了一个问题，经济增长是怎样进行的：货币信贷热，实体经济冷；政府满腔热情，民间理性计算；投机套利热，生产经营冷。因此，对此轮经济复苏，需要认真研判两个问题：怎样增长？为谁增长？为了实现经济的持续复苏，实现和谐式增长，我们还需要进一步夯实宏观经济运行的微观基础。

古人云：欲速则不达。我们应该记住这句话。

5. 谨防经济走势由 W 型向 U 型转变^①

目前关于我国经济走势的判断颇多，较为代表性的观点有 L 型、V 型、U 型、W 型。L 型认为，我国经济由过去高速增长转为低速发展，徘徊在相对低速的增长水平上。V 型认为，2008 年我国经济直线下降，到达底部后会直线反弹。U 型认为，经济增长速度达到高点后开始下降，经过很长一段时间的底部徘徊，之后才出现高增长。W 型认为，经济下行后，政府投资拉动和微观经济主体的努力，会使经济小幅度反弹，但政府政策力度有限，这种反弹持续性不强，等到微观经济主体自身调整与恢复后，经济开始上行。

以上这些判断，哪些贴近经济现实、出现的可能性较大，值得深入思考与理性判断。理性判断需要有三个基点：现实经济走势离不开中国经济潜在增长率；扩大内需的政策在短期内对经济走势具有关键作用；不能脱离全球视野判断中国经济走势，世界经济走势至关重要。

潜在增长率是由我国经济运行的基础条件所决定的。改革开放以来经济高速增长的实践和理论研究表明，我国潜在增长率为 9% ~ 11%，在全球处于相对高位。在需求约束条件下，需求过旺则经济高位运行，增速冲高

---

① 本文发表于 2009 年 5 月 10 日的《羊城晚报》上。

超过 10%；需求疲软则经济低位运行，增速趋缓在 9% 以下。在目前需求不足、经济下行的情况下，潜在增长率是经济运行的标杆，如果条件具备、措施得当，经济运行向潜在增长率迈进；但由于经济下行惯性、意外冲击和政策滞后效应，经济上行不会持续达到潜在增长率，会有所波动。这意味着，未来经济走势具备了 W 型的可能性。同时也表明，L 型论断可能并不成立，除非中国经济运行的基础条件发生重大变化而导致潜在增长率发生大幅度下移。

扩大内需的政策效应使我国经济走势具备了 W 型的现实基础。2008 年下半年我国经济出现下行态势时，扩大内需的政策尤其是政府加大投资力度，在一定程度上缓解了经济直线快速下滑的硬着陆趋势。政府投资的作用在于"稳市"，但不可能"救市"。在稳住市场的情况下，政府投资的乘数效应和滞后关联效应，以及微观经济主体对政策的积极反应，都会使经济具有上行的动力。中央政府 4 万亿元投资以及各级地方政府的投资，就发挥了这样的作用。我国由城乡差距、地区差距而产生的基础设施的巨大需求，决定了内需扩张的空间很大。但由于市场驱动的企业和个人的投资与消费的外部环境不可能马上得到改善，市场力量驱动经济上行需要一定的时间，此时仅靠政府的力量毕竟有限，即市场力量没能完全替代政府力量，经济一旦受到冲击就会下行。当前我国经济运行的外部环境充满着不确定性，加剧了这种可能性的发生。之后在扩大内需政策累积效应、新的政策出台和微观经济主体的积极应对下，经济增长才会走出低谷，进入复苏增长阶段。同时也表明，V 型论断成立的可能性不大，经济快速反弹尚不具备持续的推动力。

以上分析表明，我国经济走势呈 W 型的可能性很大，具备了现实基础。但还要关注一个基点：世界经济走势。2009 年以来，国际货币基金组织不断调低世界经济增长速度的预测，甚至出现负数，主要发达经济体在"二战"以后首次出现负增长。从实际情况看，金融危机第一波从美国扩散到西欧、日本等国家或地区，导致流动性不足；西欧金融机构收紧银根，导致东欧经济明显衰退，这是第二波；外部需求的萎缩导致第三波冲击到外贸依存度高、制造业集中的亚洲；第四波冲击到分布在各大洲的资源型国家或地区。如此一来，整个世界经济走势呈 L 型。尽管各国出台了力度非同寻常的措施，但墨西哥猪流感疫情的加剧、部分大公司破产的放大效应，都加剧了这种走势的可能性。

世界经济 L 型走势会导致中国外部需求的进一步下降和外资流入的进一步趋缓。在此背景下，扩大内需政策效应将在一定程度上被削弱，这样，中国经济 W 型走势将向 U 型转变。在此前提下，中国不能奢谈率先复苏，即使能在内需政策下经济有回暖迹象，也要密切关注世界经济会不会进一步恶化。

中国经济不求率先复苏，但要平稳运行。我们现在要防止 W 型走向 U 型，因为一旦经济在低增长水平上徘徊太久，严峻的就业形势就会衍生出一系列社会问题，进而可能导致经济走向 L 型。因此，要谨防经济走势的快速转化。

6. 经济虽趋好　加息需慎行①

春天来了，万物复苏。经济运行亦散发出春天的气息，一派春意盎然的景象。近期，国家统计局与中国人民银行发布的国民经济运行数据显示，国内经济复苏势头强劲，外需亦逐渐回稳。其中，2009 年 2 月，居民消费价格水平（CPI）同比上涨 2.7%，工业品出厂价格（PPI）同比上涨 5.4%，上涨幅度均高于此前社会普遍预期。货币供应量增速较快，2 月末，广义货币供应量（M_2）余额为 63.6 万亿元，同比增长 25.52%；狭义货币供应量（M_1）余额为 22.43 万亿元，同比增长 34.99%；流通中的现金（M_0）余额为 4.29 万亿元，同比增长 21.98%。多项国民经济运行指标均表现良好。

对此，需要关注两个特殊因素：一个是季节性因素，2 月份春节消费需求巨量释放，对 CPI 的上涨具有较大的贡献，流通中的现金同比增长较快也与此有关；二是基数因素，2009 年 2 月，恰好是我国经济 V 型复苏的谷底，经济活力相对不足，物价水平相对较低。剔除特殊因素，经济运行应在正常的复苏范围之内，并无太多的超常力量支撑。

但需要注意的是，自金融危机发生以来，CPI 涨幅首次高于一年期存

---

① 本文发表于 2012 年 3 月 22 日的《羊城晚报》上。

款利率（2.25%），有人惊呼"负利率时代"来临。于是关于加息的呼声甚嚣尘上，加息预期愈加强化。有人认为，目前加息的市场条件和心理条件都已具备；有人认为，加息可以先行一步。对目前能不能加息的问题，需要进行理性分析，加息将会产生什么样的效应，释放什么样的信号，能否实现政策目标？

目前加息难以控制货币供给增速。发达国家的利率政策是以调控货币量为基础的。以美联储为例，其公开市场委员会投票决定联邦基金利率（银行间拆借利率）的合意目标，一旦调控目标确定，其操作部门在公开市场上通过证券买卖影响货币量的供求格局，进而使利率达到合意目标。由此看，发达国家的加息过程是：加息决策→公开市场操作→货币量紧缩→利率上升→实现政策目标。我国的利率政策是央行形成决策，改变商业银行的存、贷款基准利率，没有公开市场操作与货币量变动这一环节。由于缺少货币量变动这一环节，能否实现政策目标充满着不确定性。由于利率作用的市场化机制尚未形成，"巧妇难为无米之炊"，加息不能直接调控货币量。

目前加息可能加剧人民币升值压力，进而强化热钱流入态势。当前海外一些政府与组织不断施压，呼吁人民币升值。加息会带来人民币升值压力与升值预期，升值又会带来资金流入进而加剧加息预期。加息与升值的互动将会带来巨大的套利空间，导致热钱持续不断流入。这样，加息不但没有紧缩货币量，反而可能加剧货币量的扩张。

目前加息不利于实体经济的复苏，反而可能导致企业经营困境。当前，我国实体经济复苏态势良好，但其微观基础尚需进一步夯实。利息的源泉最终来自产业的增加值，来自微观企业创造的价值。或者说，利息是利润的一部分。利率上涨必将对微观企业造成冲击。如果加息，必将造成"利息挤压利润"，导致企业经营困境。可见，从企业经营角度看，目前加息的空间并不大。同时，由于加息导致人民币升值或者人民币不升值但贸易摩擦加剧，对我国出口企业将更加不利。如果这种局面出现，有可能导致实体经济再次探底。

目前加息的外部环境并不具备。随着经济开放度的提高，我国宏观经济政策与发达国家的经济及政策走势具有很强的关联性。虽然当前部分国家央行已经采取加息政策或有加息迹象，但如前文所述，我们需要关注利率政策作用机制的中外差异。更为重要的是，目前欧元区经济并不稳定，甚至有进一步恶化的可能；部分发达国家的经济发展模式将由消费驱动转为出口驱动，出口竞争加剧，贸易保护主义日趋深重；我国出口的传统市场有待稳固，新兴市场有待拓展。所有这些问题，都构成对加息政策的约束。

对于主张加息的各种理由，要进行理性分析。加息与否，要考虑国民经济运行的整体利益，谨防个体理性的"合成谬误"导致经济的整体利益受损。一项经济政策不可能解决所有问题，一项政策实施的基本原则是：两利相权取其重，两害相权取其轻。

因此，加息需慎行。

7. 价格：高位运行终有时[①]

近日，国家统计局发布的经济数据显示，9 月份全国居民消费价格水平（CPI）同比上涨 6.1%，工业品出厂价格（PPI）同比上涨 6.5%。2010年下半年以来，我国物价水平持续快速上涨。2011 年处于高位运行状态，近几个月 CPI 同比上涨均超过 6%，但 7 月、8 月、9 月同比增速逐渐回落。未来物价水平向何处去，中国经济是否出现徘徊或"拐点"？此时，我们需要厘清支撑物价高位运行的力量会产生什么变化，才能防止经济的大起大落。

近年来支撑价格高位运行的重要因素之一是货币供应量快速增长，但目前这一力量正在减弱。2011 年 6 月末至 9 月末，广义货币供应量（M_2）一直在 78 万亿元左右徘徊，而同期反映即期市场需求与经济活力的狭义货币供应量（M_1）却在持续下降，由 6 月末的 27.5 万亿元下降到 9 月末的26.7 万亿元。这意味着我国货币流动性逐渐出现趋紧的态势。货币力量减弱，是国内外因素综合作用的结果。

一是我国紧缩性的货币政策发挥了相应的紧缩效应或滞后效应。政府调控紧紧依靠"有形的手"，中国人民银行通过各种手段"挖大坑"，

----

① 本文发表于 2011 年 10 月 17 日的《南方日报》上。

把银行信贷资金圈进"池子"里，金融体系融资规模受限。另外，对政府融资平台的清理，也使前几年支撑经济运行的非正常货币因素被抑制下来。

二是国际热钱流入的速度开始放缓，甚至转向。近年来我国货币量快速增长的一个重要因素是国际热钱流入，倒逼中央银行被动投放货币，外汇储备增加。但 2011 年 8 月末我国外汇储备为 3.26 万亿美元，9 月末下降到 3.20 万亿美元，这是近 3 年来少有的现象。这意味着国际资金流入，尤其是热钱流入，在减缓。国际热钱套利后流出也是可能出现的迹象。

三是国内资金外流。近期欧洲主权债务危机愈演愈烈，希腊、西班牙、意大利、葡萄牙、爱尔兰等国家财政资金链断裂，进而引发金融机构商业资金链断裂的危险在不断加剧。美国的债务问题亦未得到根本有效的解决，国际市场资金链比较紧张。国际上直接或间接主张"中国资金救欧洲"的呼声不断。国内资金外流是国际政治博弈的一种必然反映。另外，随着人民币升值幅度的加快，境外购物、境外旅游也带动资金外流；中国企业的境外投资也将呈现加大的趋势。

比货币力量减弱更令人担心的是，支撑实体经济的需求力量在减弱，经济运行的微观基础正在受到伤害。

一是中小企业资金链断裂。温州中小企业老板频频"跑路"，鄂尔多斯多家企业资金链断裂，民间借贷正在成为中国版的次贷危机。国庆期间，总理的温州之行，表明高利贷及其效应已经开始伤害到中国经济的筋骨了。这是金融体系非对称发展的结果：国有正规金融体系强，民间金融体系弱；民间吸收存款是违法，民间放款却不违法。中小企业破产倒闭产生的最为严重的连锁反应是失业。这将会导致生产性需求与生活性需求的下降。

二是高成本倒逼产业转型。近年来源于美国的量化宽松政策，导致货币流动性泛滥，推高国际大宗商品价格，产生商品金融化现象。大宗生产资料价格上涨，导致中国经济进入高成本时代。中国人口老龄化进程加速，"民工荒"在未来也许会成为常态，这意味着中国经济也必将步入高工资时代。这将倒逼企业转型，要么通过技术手段提高生产率，要么外迁，要么倒闭。其中，部分劳动密集型企业的外迁或倒闭，将逐渐成为一种趋势。这意味着企业必将分化，大规模平面扩张式的生产性需求力量将分化。这表明，扩大内需，重在产品开发与创新。没有企业的转型升级，中国实体经济的微观基础就很难夯实。

三是凯恩斯式的政府需求不宜扩大。2008年11月以来中央政府经济刺激政策应对金融危机冲击产生了较好的效果，但目前的国内外宏观经济环境，不允许再用凯恩斯式的经济刺激政策。对于国际金融危机等外部冲击，用短期经济刺激政策应对尚可；对国内经济的微观基础问题，政府不能替代市场。政府应该增进市场，实现"有形的手"与"无形的手"有效握手。因此，我们不能依靠经验理性，不能期望政府紧急出手。

四是外部需求受到多重因素制约。其一是人民币升值产生的汇率风险，在很大程度上抑制着出口。近几期广交会上企业不敢接单或不敢接大单、不敢接长单，就是害怕汇率风险。在美国等发达国家的施压下，人民币升值态势不会逆转。其二是欧洲主权债务危机产生连锁反应，对中国商品的需求会在一定程度上下降。其三是发达国家重提"再工业化"，发展中国家生产能力不断增强，中国面临的外部市场竞争将加剧。其四是近年来中国面临的贸易摩擦不断加剧，贸易成本不断增加。

历史具有惊人的相似之处，但历史的每一次展现都必将不同。2011年中国经济的情形与2008年极为相似，但又极为不同：2008年主要是外部冲击，2011 年主要是内部冲动的累积；2008 年主要是货币领域，2011 年主要是微观基础。

综上分析，中国物价水平已经处在较高的绝对水平，支撑物价快速上涨的力量将逐步减弱，将出现"绝对水平高，增长速度缓"的局面。正所谓：高位运行终有时。

8. 抓住通货膨胀的 "源"①

　　针对近期不断高涨的物价水平，近日关于提高通货膨胀调控目标的议题成为社会各界关注的焦点。一种观点认为，通货膨胀调控目标应由目前的3%调高到4%。对此我们需要理性分析，通货膨胀到底能不能人为设定调控目标，提高调控目标会产生什么影响，调控目标的持久性如何，提高调控目标是否抓住了通货膨胀的主要矛盾？

　　国际经验表明，在经济发展过程中，物价的绝对水平（而不是相对水平）呈现出逐步上涨的态势，即高增长高物价。这种高物价，是基于经济发展产生的实体需求，改变供求格局而产生的。这种内生于实体经济增长的高物价是必然的，是人们可以接受的。作为理性人，我们欢迎这种态势的出现，因为它体现了经济运行的良性循环，即高增长、高收入、高物价。

　　但是，通货膨胀调控目标（通货膨胀率）是一个相对数。各年度间，物价的绝对水平会发生变化，其相对水平（同比物价上涨率）不一定发生太大的变化。

　　通货膨胀调控目标3%，是依靠多年来的经验设置的，只是一个参照系，不是硬性任务，不是不能突破，是宏观调控四大政策目标中需要考虑

---

　　①　本文发表于2010年12月6日的《南方日报》上。

的一个参数。从这个角度讲，通货膨胀调控目标从 3% 提高到 4%，只是一个数字变化，未来不一定符合经济运行情况。更为严重的是，如果有人说，通货膨胀调控目标提高了 33.3%，即（4-3）/3，从数学意义上是绝对正确的，但从社会意义上说，经过媒体的推波助澜，可能会引起不必要的恐慌。

随着市场经济知识的普及，人们都已经知道，通货膨胀是政府悄悄地在动居民的"奶酪"，向居民征收了通货膨胀税。

如果"十二五"期间按 3% 的通货膨胀率计算，5 年间人们的收入贬值近 16%；如果按 4% 的通货膨胀率计算，5 年间人们的收入贬值近 22%。二者相差 6%，政府 5 年间因通货膨胀多征了 6% 的税。如果政府不提高通货膨胀调控目标，而每年实际通货膨胀率达到 4%，民众对多征的税不会太敏感；如果政府提高通货膨胀调控目标，民众对多征的税会极其敏感。

与此同时，社会各界层对通货膨胀反应不同。高收入群体对通货膨胀反应不敏感，甚至可能是通货膨胀的受益者。低收入群体对通货膨胀极其敏感，而且肯定是通货膨胀的受损者。政府提高通货膨胀调控目标，有可能会增加低收入群体的"痛苦指数"，容易引起社会的紊乱。

宏观调控多是相机抉择的。调整通货膨胀调控目标，需要考虑历史和未来。从历史看，我国物价的剧烈波动（大涨大落）问题，一直没有得到有效解决，通货膨胀、通货紧缩往往紧密相连。实践表明，通货紧缩的危害往往比通货膨胀的危害要大。如果提高通货膨胀调控目标，可能会对称性地调整通货紧缩目标。这样，在通货紧缩时期民众对政府卸责的质疑会更大。

从实体经济基本面看，未来通货膨胀的压力不是很大。改革开放以来，中国在经历了三十多年的高增长之后，会迈向次高增长或中速增长阶段，未来时期经济增长速度将会有所趋缓。未来我国经济面临的竞争，由发达国家竞争主导逐步会演变为发达国家与发展中国家双重竞争，外部环境不可能为我国经济增长释放太多的空间，内生于实体经济需求的物价上涨不会太快。如此看来，我们需要警惕"有通胀，无增长"局面的出现，防止低收入群体陷入"低收入，高物价"的困局。

熨平经济波动是政府的职责。前提是认清经济波动的源头，抓住主要矛盾。针对当前飞速上涨的物价，政府提高通货膨胀调控目标，有推卸责任之嫌。当前政府的主要任务有两个：一是改进居民消费价格水平（CPI）的编制方法，避免民众对物价的直观感受与政府公布的 CPI 差异太大而产生不信任感。二是厘清当前通货膨胀的主要源头，分析清楚是内因主导还是外因主导，并对症下药。

当前的通货膨胀，在很大程度上是输入性的，是外因主导的。通货膨胀，简言之，无非是太多的货币追逐太少的商品。2010 年 11 月美联储推出第二轮定量宽松的货币政策，在 2011 年第二季度结束前购买了总额为 6 000 亿美元的长期国债，同时将此前购买债券的收益约 3 000 亿美元再投资于国债，将向市场注入流动性资金 9 000 亿美元，是第一轮量化宽松政策的近 3 倍。量化宽松政策导致美元贬值，国际大宗商品价格上涨，基于示范效应和产业关联效应，我国输入型通货膨胀逐渐释放。同时，近年来货币量快速增长是我国价格波动的重要力量。而货币量快速增长的一个重要原因是国际热钱。可以说，在一定程度上，国际热钱主导了货币量增长，进一步主导了我国价格波动，这是输入型通货膨胀的一种表现形式。由于国家间博弈而产生人民币外生性升值，引发热钱流入，导致价格波动，也是输入型通货膨胀的表现。

可见，当前不宜提高通货膨胀调控目标，而应重点分析通货膨胀的源头及其走势，有的放矢，并防患于未然。

9. 价格背后的转型信号①

近日，国家统计局公布的数据显示，7 月份我国居民消费价格水平（CPI）同比增长 6.5%，创 37 个月以来的新高；其中，食品价格是主要推手，同比增长 14.8%。这是 2010 年下半年以来物价上涨态势的持续。这一轮物价持续上涨背后的微观基础，正在发生变化与转型，我们需要理性分析。

一是商品金融化态势。近年来，在金融全球化背景下，越来越多的商品具备了金融属性，出现了商品金融化趋势。商品金融化的产生导致全球大宗商品的定价模式已经悄然发生变化。基于实体经济的供求关系决定价格的模式影响减弱，货币力量或金融力量决定价格的模式正在彰显其威力。我国许多商品价格的走势，已经融入全球化之中。我国是制造业大国，也是原材料、能源等大宗商品的需求大国。商品金融化意味着金融市场与制造业的关系越来越紧密。国际资金推动大宗商品价格上涨，进而传导到国内引起物价上涨，这一机制已经形成并发挥着越来越大的作用。

二是货币超常规被动增长。物价上涨，无非是太多的货币追逐太少的商品。2011 年 6 月底，我国广义货币供应量（M_2）高达 78.08 万亿

① 本文发表于 2011 年 8 月 15 日的《南方日报》上。

元，若转化为美元，早已高居全球第一位；2005年7月底，广义货币供应量为27.70万亿元。自2005年7月人民币升值以来，6年间货币量增加超过50万亿元。这快速增长的货币量，很大一部分源于中国人民银行因外汇储备快速增加而被动投放的基础货币。增加的外汇储备中有一大部分源于国际热钱流入。这实际上是一种恶性循环：人民币升值→逐利预期→热钱流入→外汇储备增加→被动投放货币→通货膨胀→提高法定准备金率→市场实际利率上升→被动加息→热钱流入→人民币被动升值→更多热钱流入→通货膨胀→……从这个角度讲，国际热钱等外生力量主导我国价格走势的格局已经形成，而且短期内不会得到改变。更为严重的是，这种循环导致了"货币泛滥下的钱荒"：一方面，泛滥的货币流动性导致资产泡沫，另一方面实体经济（尤其是中小民营企业）因为融资困难而举步维艰；一方面，银行资金大动脉被中国人民银行牢牢掐着；另一方面民间资金都在进行"炒钱"，放高利贷，进行体外循环。

三是流通成本偏高。食品价格高涨，在一定程度上源于流通成本过高。从农民的田头到消费者的餐桌，中间经过若干流通环节，每一个环节都因成本上升而提价。其中运输成本上升不可忽视，除了能源、燃料、动力等成本上升外，路桥费、罚款等亦居高不下。而这些都由消费者最终承担，农产品生产者并未因物价上升而增加获利，生产积极性不增反降。生产、流通、消费，本应是良性互动的，但现在出现了"流通挤压生产，流通挤压消费"的局面。甚至可以说，"路费推动物价上升"。在路费背后，存在着错综复杂的利益博弈，既有行政性区域分割导致的利益博弈，也有收费集团的垄断暴利。

四是农产品生产方式发生转变。这一轮食品价格上涨，猪肉领涨，其他农产品价格也全面上涨，而且农产品价格季节性的周期波动逐渐被持续上涨的态势取代，这意味着农产品的供给方式发生了变化。随着第二代农民工进城后不愿返乡（其实也是无力返乡），我国以传统农户为基础的农业生产方式正在逐步瓦解，而新的规模化、标准化的农业生产方式尚未形成。旧的已去，新的没来。这必然导致农产品供给出现波动。这一次猪肉价格的持续上涨，主要源于散养农户的逐渐退出。规模化农业生产，需要大资本的进入。虽然已有一些高科技企业、房地产企业进入农业领域，但尚不足以替代传统农户的退出。

可以说，价格是一面镜子，是经济运行中各种变化、转型和冲击信号的一种综合反映。本轮物价的持续上涨，彰显着决策当局频繁出台的调控政策（据国家发改委人士称，为了控制物价国家已发了170多个文件）远未达到合意的效果。其中一个重要原因就是本轮物价持续上涨背后的微观基础正在逐步转型，政策作用的对象在发生变化，与以前略有不同。我们需要认清转型的趋势与本质，理性应对。

一要厘清认识，长短期政策要相互配套。短期调控政策，主要针对经济运行中出现的波动，择机而行，"头痛医头，脚痛医脚"。这本无错，但在产业与模式转型这一长期因素背景下，短期调控政策的效果将大打折扣，甚至有时会出现相反的结果。因此，政策的出台不应仅仅是"散户"行为，而应考虑长期与短期的协调配合，考虑政策的全面性与系统性。

二要进行结构性减税。由于企业无法掌控外部经济形势，政府需要与企业联手，共同应对。2011年上半年，我国税收收入超过5万亿元，增速远远超过经济增长速度与物价上涨速度之和。目前具备一定的减税条件和能力，可以进行结构性减税；同时，要做到税费分流归位，使企业的税费负担有所减少。政府可以通过基本公共服务均等化与广覆盖，在一定程度上降低企业的福利成本。

三要实行差别化信贷政策。目前我国要防止货币供给量过快增长，但法定存款准备金与央行票据政策易伤实体经济，即宏观紧缩政策改变银行行为，通过贷款紧缩迅速影响整个经济。对此，需要实行差别化法定存款准备金政策与差别化信贷政策，支持产业转型和实体经济的发展壮大。

10. 构建疏导货币的政策体系①

当前，中国宏观调控所面临的形势极其复杂，国内外经济态势的互动、变化及不确定性，与以往皆不相同。这对宏观经济政策提出了更高的要求，既需要广泛多样的政策储备，又需要对经济态势的预警、科学判断与审慎抉择。2010 年 12 月 12 日中央经济工作会议提出，2011 年宏观经济政策取向是积极稳健，审慎灵活。这与以往常常出现的保持宏观经济政策的"连续性""稳定性"等说法有很大的不同。这体现了宏观调控认知理念的深化，体现了宏观调控相机抉择的政策本源，体现了面对复杂形势实现熨平经济波动的政策目标。

货币是经济运行的血液。熨平经济波动的一个表现就是保持币值稳定。《中国人民银行法》规定，货币政策的目标就是保持币值稳定，并以此促进经济增长。当前宏观经济面临的主要问题是货币购买力下降即通货膨胀。2010 年的价格是一片乱景："豆你玩""蒜你狠""姜你军""辣翻天""油你涨""糖高宗""玉米疯""苹什么""药你苦""绵里藏针""煤飞色（金属）舞"，商品价格似乎处于失控状态。货币购买力下降相当于居民被征收了通货膨胀税。对此需要溯本逐源，有效应对。

---

① 本文发表于 2010 年 12 月 27 日的《南方日报》上。

通货膨胀，简单而言，无非是太多的货币追逐太少的商品。控制通货膨胀，就是要厘清我国经济系统中有多少货币，来自何方，为何来，走向何处。然后采取措施，有效应对。近年来我国经济系统中货币量快速增长，2010 年 11 月底广义货币供应量已经超过 71 万亿元，超过 10 万亿美元，为全球最高。货币量增长速度远远超过同期经济增长速度，是引起价格波动的重要力量。其中，因热钱流入，央行被动投放货币，是货币量快速增长的重要原因之一。或者说，热钱在一定程度上主导了我国广义货币供应量的增长，从而进一步主导了价格波动。

对此，我们需要多管并举，构筑疏导货币的政策体系，直接或间接引导货币的流向，稳步控制货币规模，并以此构建制约货币当局在利益激励下主动制造或在外部冲击下被动制造通货膨胀的机制。同时需要注意的是，一项经济政策不可能解决所有问题，一项政策实施的基本原则是：两利相权取其重，两害相权取其轻。当形势发生变化，要立即调整政策，相机应对。

筑高墙，控制货币供给增速。对国际热钱，要严进严出。一是严防国际热钱利用虚假贸易、虚假投资进入我国境内进行投机套利，这方面重在监管，应加强对跨境资本流动的监测与管理。二是汇率、利率、税率政策要联动。在人民币升值预期与加息预期的背景下，热钱必将寻找各种渠道进入，此时应对外资所获资本利得征税。鉴于 1997 年金融危机的前车之鉴，2010 年 10 月 12 日泰国对外资投资证券所获资本利得和利息收益征 15% 预扣税，起到了很好的防火墙作用。同时，应进一步改革结售汇制度，藏汇于民。注重中央银行调节货币量的手段的多样性，减少向市场投放的基础货币。

挖大坑，紧缩信贷资金规模。中央银行紧缩货币规模最直接的办法就是，适时运用央行票据和法定存款准备金政策调控商业银行的信贷资金规模。这相当于中央银行在自己的后院挖一个大坑，把信贷资金埋起来，需要的时候再取出来。但需要指出的是，法定存款准备金与央行票据政策效应的直接性决定了其易伤实体经济。因为宏观紧缩会改变银行行为，通过贷款紧缩迅速影响整个经济。从长期而言，应该建立完善的公开市场业务体系和利率市场化机制。通过公开市场有价证券的买卖来影响货币市场供求，影响货币市场利率，进而引导金融机构信贷利率，从而影响经济行为主体的理性决策，实现宏观调控的政策目标。当前由于利率作用的市场化机制尚未形成，虽然有政策工具这些"米"，但没有传导机制这只"锅"，巧妇难为无"锅"之炊。

优结构，夯实经济运行的微观基础。由于紧缩性货币政策易伤实体经济，需要优化信贷结构。要加强对信贷资金投放的监测与指导，严防信贷资金进入资本市场，推高资产价格。信贷资金应着力投入到实体经济中，夯实企业发展的基础。要加大对民间投资和中小企业的金融支持力度，建立有利于中小企业信贷的金融政策环境和金融服务体系；加大对战略性新兴产业的支持力度，鼓励各类风险投资机构、信用担保机构、金融机构对战略性新兴产业发展予以支持。同时，紧缩货币与减税应联动，应直接或间接为经济行为主体减负，在可行的、可操作的范围内减税，做到税费分流归位。

留下来，短期资金长期化。控制热钱最理想的局面是，防止热钱肆意扰乱资本市场，引导热钱进入实体经济投资，实现短期投机资金的长期化实体投资。这需要产业政策的互动与协调。

走出去，谋求股权收益。货币资本化并走出国门，既可缓解国内货币困境，又可谋求长期股权收益。美国较快缓解金融危机影响的经验之一是：

美国公司约有三分之一的利润来自境外。只要其他国家经济平稳发展，美国公司利润受源自美国金融危机的冲击便有限。资本输出改变并强化了美国对抗危机的能力。日本的经验表明，资本输出可以产生出口诱发效应，也可突破贸易壁垒。改革开放以来，我国吸引的大量外商直接投资和多年的贸易顺差为资本输出奠定了夯实的基础，目前应建立全面系统的对外投资税收政策体系和相关激励机制，为资本输出战略的实施夯实基础与条件。

11. 人民币要远行①

　　2003 年 3 月 20 日，美国以生化武器之名发动第二次海湾战争，攻打伊拉克，抓捕伊拉克总统萨达姆，并处以极刑。事后并未在伊拉克发现生化武器。美国为何如此大动干戈，背后的原因是什么，恐怕不是生化武器那么简单。萨达姆一定是做了美国人不能容忍的事情，那就是宣布，伊拉克的石油贸易用欧元结算。这直接威胁到了美元的国际地位，威胁到了美国的核心利益。这是萨达姆之死的货币根源，不知道九泉之下的萨达姆是否明白。

　　有两样东西是世界通行的：语言和货币。货币国际化程度，是一个国家的国际影响力和世界地位的象征。遥想英国当年成为日不落帝国，英镑遍布世界。20 世纪初，虽然美国工业总产值已经超过英国，但英国依靠英镑的影响力依然是世界第一大国。第二次世界大战以后，欧洲满目疮痍，亟待重建，亟须资金，英国以放弃英镑国际地位为代价，换来美国的"马歇尔计划"重建欧洲，从此美元行销世界，美国正式成为世界霸主。

　　对于当前经济规模位居世界第二的中国，人民币国际化需要前行。我们心中有一个梦，那就是伟大复兴的"中国梦"；我们心中有一座山，那就

---

　　①　本文应《广东地方税务》之邀而作。

是人民币国际化的巅峰。

货币国际化，需要三个阶段：结算货币→投资货币→储备货币。成为结算货币，是人民币国际化的起点。如果交易以人民币计价结算，我们就不会那么害怕汇率风险了，也不会看到广交会上很多厂商不敢接大单、长单，而只敢接小单、短单的现象了。

成为投资货币，投资项目、资产组合、资本流入、资本流出，都是以人民币的货币形态，这是货币国际化的深化。成为投资货币，能减少诸如兑换等环节产生的交易成本，就可以相对容易地突破国家和地区之间的边界壁垒。

成为其他国家和地区的储备货币，是货币国际化的高级阶段，是货币主权的全球化。如果人民币步入这个阶段，就意味着中国人民银行不仅仅是中国的中央银行了，还可能成为调节其他国家和地区货币流通量的中央银行了。

三个阶段发展演进的期间，货币可自由兑换穿行其中，并最终达到巅峰。然而在达到巅峰之前，财政收支基本平衡以防财政赤字货币化，利率完全市场化实现金融机构的充分竞争，汇率的市场化波动，货币政策作用机制的市场化，都需要同步进行。

人民币国际化进程中，前两个阶段正在共进发展，第三阶段处于非正式起步状态。国际贸易中人民币结算的规模不断壮大，我们与许多国家和地区签订了货币互换协议，人民币特别提款权事宜正在推进，伴随着"一带一路"战略，人民币投资项目将不断增加，甚至部分国家和地区出现了人民币的流通。

但不可否认，国内金融市场化程度依然有待提高，金融机构没有充足的数量以实现充分竞争；国际货币博弈一直如火如荼，阻碍人民币国际化进程，成为部分发达国家有意发生政治经济军事活动的潜台词。

国强则货币强。综合判断，人民币国际化进程已行至半程，目前正在攻坚阶段。正所谓：这是最好的时代，也是最坏的时代。此刻，正是需要我们团结和理性，并无所畏惧的时候。因为货币国际化，是国家信用国际化，是国民信心国际化，是国家生产能力国际化。人民币国际化，是我们的家国梦。

人民币要远行，因为山在远方！人民币正远行，因为心在巅峰！

12. 2009 年：历冰经暖迎骄阳①

在历史的长河中，2009 年是一朵浪花，是平凡而又重要的一年。这一年，我们总结了过去，规划了未来。更重要的是，我们又经历了一年实实在在的市场的考验。

2009 年即将过去了，又到年终盘点时，今昔冷暖两重天。此时，我们回味昨日的冷冰，轻拂今日的暖风，期待明日的骄阳，别有一番滋味在心头。

的确，2009 年是值得总结的一年。次贷危机演变成金融危机一周年、经济刺激政策实施一周年，政策效应及未来走势需要总结；后奥运时代一周年，奥运经济效应需要总结；澳门回归十周年，海峡两岸与香港、澳门经济合作与拓展需要总结；西部大开发十周年，区域互动模式需要总结；新中国成立六十周年，前后三十年的巨大变化及动力机制需要总结。

经济领域，谈古论今话未来，一个深深的体会是：唯一可以确定的就是不确定性。2009 年的经济运行特征是：冷、暖、涨、热。

第一季度趋冷。2008 年第四季度，金融海啸的冲击与此前紧缩性政策效应的滞后显现，导致我国经济急剧下滑。尽管中央很快出台了经济刺激

---

① 本文发表于 2009 年 12 月 28 日的《羊城晚报》上。

政策，但经济惯性与政策效应滞后，使经济运行在 2009 年第一季度进入谷底。在春节欢庆市场短暂繁荣之后，各项经济指标便一路下滑，寒气逼人。2009 年 3 月，温家宝总理在中外记者招待会上再次强调："信心比黄金和货币还要重要。"此刻，我们需要挺住。

第二季度转暖。一揽子经济刺激政策效应逐步显现，"家电下乡"等启动内需的措施纷纷出台，各地区融资手段多样呈现，巨额信贷资金横空出世。在抑制住经济下滑颓势的同时，资源性产品价格回升，股市快速回暖，楼市节节攀高。但居民消费价格水平与工业品出厂价格依然处于"下降通道"，外贸领域依然不容乐观，显示出经济转暖的基础并不牢靠。此时，关于中国经济走势的 L 型、W 型、U 型、V 型的争论不绝于耳，显示出人们乐观中的彷徨。

第三季度始涨。对上半年的盘点，存在一个疑问：大量信贷资金与大量热钱流入，都到哪儿去了？"央企地王"为我们作出了部分回答。房价已经再攀高峰，股市虽经短暂调整依然奋力向前，国际石油价格一路上涨再次告诉我们机不可失（因为下一次每桶石油 34 美元的时代不知要到何时），原材料等大宗商品价格也扶摇直上。GDP 数据显示，今年全国经济增长"保8"任务将顺利完成，各地区的增长目标将超额实现。为国庆献礼，我们有了坚实的基础。但总是有一点不和谐的东西，针对中国的贸易摩擦呈现出次数多、金额大的特征，显示出事业尚未成功，外需仍需努力。

第四季度显热。乘着"国庆黄金周"市场繁荣的东风，各项经济指标勇往直前，居民消费价格水平、外贸增长等数据终于"转负为正"。但这个世界变化太快了。上海、北京的房价再创新高，广州的房价也在不停地上涨，国际黄金价格超过了 1 200 美元，水、电、气、热等价格蓄势待发，日常用品价格也不甘示弱。通货膨胀预期不期而至。此刻，对于中央经济工作会议的政策精神，让人们充满期待，也希望能解惑：经济有没有过热，政策会不会转向。居安思危是一种理性的态度，迪拜危机至少可以这样告诉我们。年终盘点，我们应该看到：实体经济企稳，虚拟经济过火；投资需求强劲，消费需求偏弱；内需支撑，外需有待改观。

2009 年的跌宕起伏，值得我们回味，值得我们总结。2009 年又是一个很好的起点，我们要为"十二五"规划作前期准备了。

展望 2010 年，让人信心倍增。世博会即将举行，珠港澳大桥已动工兴建。实体经济复苏的态势良好，中央经济工作会议的政策落实有着坚实的微观基础，我们有可能迎来一片艳阳天。我们希望骄阳似火，但不希望楼市、股市虚火过旺。

2010 年，"十二五"及经济社会远景规划将描绘出我们未来的蓝图。我们相信，虽然不可能再有前 30 年那样的高速增长，但中国经济持续健康增长的基础依然具备；我们相信，市场经济体制将更加成熟，理念将会提升，行为更加理性。

同时，明天的艳阳，也会有几朵乌云蔽日。外需面临不确定性，部分发达国家的经济发展模式将由消费驱动转为出口驱动，出口竞争加剧，贸易保护主义日趋深重；人民币面临升值压力，会使出口面临压力；经济刺激政策可能产生递减效应；原材料能源价格上升，通货膨胀预期难以化解；意外冲击防不胜防；哥本哈根世界气候大会的争吵，预示着环保标准进一步趋严。

在历史的长河中，2009 年是一朵浪花，是平凡而又重要的一年。这一年，我们总结了过去，规划了未来。更重要的是，我们又经历了一年实实在在的市场的考验，认知得到提高，能力得到锻炼，为迎接未来储备了能量。

期望 2010 年以及更远的将来，经济社会发展又好又快且更健康！

13. 化期待为力量①

期待是一种潜在的力量。期待怎样转化为现实的力量，需要理性思考、理性分析，我们需要以理性平衡激情。我们期待中央经济工作会议加速经济复苏，但我们不能期待所有的问题由一次会议完全解决。

中央经济工作会议提前至 11 月底召开，正值中央政府出台经济刺激政策一周年之际。如何评价一年来的政策效应？如何判断当前的经济形势？明年的经济走势如何？当前宏观经济政策会不会转型，是调整还是淡出？诸多问题，诸多争议，仁者见仁，智者见智。最新一期《瞭望》周刊载文列出了当前最具争议的话题，更吸引了人们的关注。

不论持何观点，争论者都对中央经济工作会议的召开充满着期待，都期待会议对过去作出科学总结与评价，对当前形势作出科学判断，对未来走势作出科学预测，对宏观调控政策的取向、力度、节奏作出科学把握。

不论持何观点，争论者都期待今天的问题能够通过中央经济工作会议得到有效解决。绝大部分争议者对今天的问题形成共识：经济总量增长相对易于实现，经济结构调整才是关键；当前经济的复苏主要体现为投资需求的不断增长，如何更多地刺激消费需求对经济增长的贡献更为关键；世

---

① 本文发表于 2009 年 11 月 22 日的《羊城晚报》上。

界经济走势充满不确定性，外部需求状况不容乐观。

不论持何观点，大家都期待明天会更好，都期待经济进一步复苏。经济复苏的速度加快，结构得到优化，产业实现升级，综合实力得到提升。

理越辩越明。有了争论者的关注，可以集思广益；有了争论者的激情，可以鼓足干劲；有了争论者的期待，可以众志成城。我们相信中央经济工作会议的相关决议和政策会尽快付诸实施，见诸实效。

问题决定方法，政策都有其针对性。有多少经济问题，就需要有多少经济政策，不能期望一个经济政策解决所有经济问题，也不能期望所有政策解决一个问题。任何一种经济政策，都有其有利的一面，也有其不利的一面。在选择政策方案时，按照经济学的逻辑，应该是两利相权取其重，两害相权取其轻。有时，在远期的"利"不确定的情况下，更多的是两害相权取其轻。

路归路，桥归桥。短期的问题，需要权宜之计；长期的问题，需要持续动力。我们需要厘清短期经济波动与长期经济发展的关系。

短期经济波动，需要短期经济政策的逆经济风向调控，力求熨平经济波动。当实现了合意的政策调控目标，政策就要适当调整、淡出，甚至转型；否则，就会出现顺经济风向调控的失误。此刻，政策的连续性、持续的时间、节奏和力度的变化，是我们应该高度关注的。

长期经济发展问题，更多的是体制改革与结构调整。这是长期问题，不可能一蹴而就，尽管这是解决经济波动的根本所在。由此可见，长期政策与短期政策，既相互配合，又相互独立，各有分工，不可混淆。

每年一次的中央经济工作会议，其基调是短期为主，兼顾长期。关系到国民经济社会发展的重大战略和远景规划，一般都由五年一次的党的全国代表大会决定，每届中央委员会的若干次全会都对重大问题作出具体部署，再由各部门、各地区付诸实施，这是解决我国经济社会发展的长期问题。每年的全国"两会"对上年度的政府工作、重大决策、远景规划（如五年计划）等进行审议与表决，这是解决短期、中期、长期问题。

中央经济工作会议，主要是针对短期经济问题，结合目前的经济形势对未来走势作出判断，并依据判断选择宏观调控的政策取向，主要是为明年的政府工作安排和政策定基调，力求做到早着手、早准备、早落实、早见效。

根据目前的经济形势与中央经济工作会议的职能分工，可以对政策取向作一些基本的判断：经济政策将还是确保经济增长，经济总量增长不可放缓；考虑到长期问题的渐进性，调结构将会提到更高的位置，通过长期问题的逐步解决来化解短期波动的体制根源；经济政策的取向将保持连续性，但关于节奏与力度的措辞与潜在含义将会有所变化。

中央经济工作会议的精神，是我们未来一年进行理性决策的参照系，可以指明大方向。但未来充满着不确定性，每一个微观决策需要依靠每一个行为主体的具体约束条件而定。

重要的还是学习。中央经济工作会议精神或多或少的变化，依据的是经济运行态势与运行机理的变化。发现、认识、理解这些变化，需要科学的知识，需要理性的总结，需要我们理论知识的储备与实践经验的积累。

我们对中央经济工作会议充满着期待，我们更关注未来。我们需要化期待为力量，需要学习的力量，需要实践的力量。唯此，我们才能更好地认识世界，更好地面向世界，更好地把握未来。

14. 成本与货币因素综合作用导致物价上涨[①]

物价上涨源自两个方面：成本上升与货币量增多。在开放经济中，成本上升与货币量增多，既有国内因素的影响，也有国际因素的影响。当前我国物价上涨是国内经济发展中供求变化的自组织机制与国际传导机制综合作用的结果。

一、物价上涨的成本机制

经济发展过程中存在价格上涨的冲动，这源于资源稀缺性导致的成本上升：原材料与生产要素的价格上升。如果技术进步能缓解成本上升压力，产品价格就会趋于平稳，甚至下降；否则，价格必然会上涨。

我国食品类价格占 CPI 比重为 34%，其价格持续快速上涨成为物价上涨的主导因素。食品类价格上涨主要是由供求关系决定的。我国工业化进程和消费升级，需要大量的谷类、肉禽蛋类等产品作为生产的中间产品或最终消费品，但是供给没能跟上。以猪肉为例，由于专业化养殖相对薄弱而难以发挥规模效应；2006 年以前肉价低而饲料价格高导致的市场风险；预防机制欠缺而猪蓝耳病等疾病频发导致的自然风险，农户理性地选择

---

① 本文发表于 2007 年 8 月 15 日的《南方日报》上。

"用脚投票"（放弃养猪）；猪肉生产具周期性，导致目前猪肉供应紧张，价格居高不下。这是我国农业技术进步不足、风险化解机制薄弱的必然结果。

以谷类为原料的食品价格上涨，一个重要的因素是国际石油价格上涨。石油价格上涨使运行在"汽车轮子"上的发达国家和处于工业化进程中需消耗大量能源的发展中国家都备受压力，生物能源替代传统能源成为一种趋势。生物能源需要大量的粮食，汽车油箱与居民餐桌争夺的结果是谷类价格上涨。除非技术进步能消解这一矛盾，否则，争夺仍将继续。目前国际粮食（期货）价格对国内粮价有着重要影响。谷类价格上涨，方便面、牛奶、酒等产品价格上涨就是一种自然的市场反应了。食品类价格的示范效应，也会导致相关企业（即使能消解成本压力）提高价格。

居民消费价格水平上涨的另一个重要原因是资源类初级产品价格的传导。一方面，我国工业的重型化和房地产等投资过旺，对资源类产品产生了巨大的需求；另一方面，我国资源类产品定价扭曲，随着市场化程度提高，定价机制逐步得到纠正，必然释放价格上涨的冲动。这样，上游价格的上涨，经过传导，必然导致下游价格上涨。

二、物价上涨的货币机制

物价上涨的通俗解释是，太多的货币追逐太少的商品。当前我国货币流动性过剩，主要源自三个方面：

一是经济增长的收入效应。我国经济高增长、低通胀的格局已维持多年，经济增长的结果是支付能力的提高，必然导致物价一定程度的上涨，否则生产者就无法从经济增长中获益而导致供给紧张。目前的物价上涨是近几年连续超过10%的经济增长所累积的收入效应的正常释放。

　　二是资产价格上升的财富效应。消费升级产生对"住"的巨大需求，各类炒房团的投机行为与示范效应，引起楼市火爆，累积了一定的财富效应。股指的持续快速上升，改变了居民的收入结构，财产性收入比重上升。资产价格积累的财富效应会在一定程度上释放为消费价格上升。

　　三是境外资金非正常流入的关联效应。2003 年以来，人民币升值预期导致国际游资以各种途径（如虚假贸易）涌入中国，典型的表现是外汇储备非正常增长，这些资金是谋求楼市、股市与汇市的多赢，主要追逐资产价格。但这些资金会产生关联效应，如财富效应、示范效应、资金宽松的投资效应，经过一定累积释放为商品价格上涨。而且，当资产价格高到一定价位时，部分热钱会回流商品市场避险，引起商品价格上升。

　　面对成本与货币的国内外因素综合作用的物价上涨，决策者需要理顺价格的分配效应。抑制流动性过剩的境外因素，防止物价上涨的收益过度流失，这是货币政策亟须关注的。针对供求关系所导致的价格上涨，除非在紧急情况下（如发生重大疫情、灾害），政府不应过度干预，而应采取生产补贴或消费补贴的方式，使多方承担与化解价格风险。

第五篇　发展之势

世界潮流浩浩荡荡，顺之则昌，逆之则亡。

——孙中山

1. 创新引领世界①

人们常说，三个苹果改变了世界。第一个苹果：在伊甸园，亚当和夏娃偷吃了一个苹果，产生了人类。第二个苹果：牛顿在苹果树下沉思，一个苹果从树上落下，砸在他头上，促使他发现了万有引力定律，从而产生了现代科学，进而发生了第一次工业革命。第三个苹果：在互联网产业发展穷途末路之际，乔布斯横空出世，产生了移动互联，苹果品牌系列的智能设备实现了人类社会的"Always On"（永远在线），人们的生产方式、生活方式、行为方式，全都发生了改变，同时也使人类进入"看不懂"的新时代，因为一切时时刻刻都在变。

三个苹果改变世界，实质是创新改变了世界，创新引领世界。创新是世界前进的动力。人类社会，区域发展差异较大，有快有慢，有的一直较快，有的一直较慢，有的先快后慢，有的先慢后快，原因千万种，创新能力差异是根本原因之一。

纵观世界经济发展史，许多国家或地区曾经辉煌一时，但不能突破经济发展中收益递减规律的制约，从而陷入衰退陷阱。收益递减是经济发展模式不变条件下的必然规律。经济发展模式转变，实际上是一种"创造性

---

① 本文应《广东地方税务》之邀而作。

破坏"，是一种扬弃，是寻找与构建收益递增机制的必然结果。或者说，创新，就是避免国家（或地区）经济社会衰退，就是要寻求新的繁荣。

从人类发展的历史看，大国的崛起，一定是公司的崛起；公司的崛起，一定是企业家精神的崛起；企业家精神的崛起，一定是全方位、多层次的创新的崛起。或者说，大国崛起的微观基础在于万众创新，无论这种创新是发现一种新的生产要素组合，发明一种新的生产工具，想到一个新的营销点子，突然灵光一现有了一个新的设计创意，还是探索一种抽象的新理论，实践一种新的技术。人是最活跃的生产要素，人的活力的充分释放，就是创新活力的充分释放，就是经济社会发展活力的充分释放。

经济周期波动的背后，一定是创新活力的周期性波动，古今中外皆如此。中国改革开放三十多年来的发展史，就是创新活力不断释放的发展史，这铸就了中国经济世界第二的伟大成果。20 世纪 70 年代末的农村土地制度改革，80 年代的个体户，90 年代的下海潮，都是创新带动经济高速发展的具体见证。

当前，中国经济步入新常态，经济增长速度在下降，这是必然趋势。如何实现"两个百年目标"，在于如何形成可持续的经济稳定增长机制。中央政府遵循市场经济发展规律制定出新常态下的增长路径：大众创业，万众创新。

创新是伟大复兴"中国梦"的根本选择。中国在探索一种创新发展模式：在人类历史上，由盛而衰，再由衰至盛的可能唯一的大国案例，就发生在中国。这是影响全球历史的一个大事件，需要我们一起努力，需要我们一起创新！

2. 复兴模式科学探索的大国案例①

2010 年 10 月 18 日闭幕的党的十七届五中全会，在中国发展史上具有里程碑式的意义。这次会议不仅为"十二五"规划定基调，更是为中国未来三十年甚至更远时期的经济社会全面转型与发展模式探索指明方向，其"五个坚持""六大改革任务"切中中国改革"全面攻坚期"的深水区，其战略意义堪比开启改革开放进程的十一届三中全会。其中两个核心议题至为关键，转变经济发展方式与改革收入分配制度，前者谋划科学发展，第一次以科学发展为主题统领五年规划；后者追求民富，第一次明确追求"民富国强"而不是以往的"国富民强"。这两大主题作为一体，具有重大的历史意义。

作为发展中大国，中国正在进行一项伟大的事业——努力实现中华民族的伟大复兴。遥想当年，中国何其兴盛，又何其屈辱。今日中国，处于复兴进程的关键时期。

中国的复兴伟业能否成功，在于我们能否求解或走出"李约瑟之谜"。英国著名科技史学家与科技哲学家李约瑟博士在 20 世纪中叶提出：在前现代社会中国科技遥遥领先于其他文明，为何在现代中国不再领先？为什么

---

① 本文发表于 2010 年 11 月 15 日的《南方日报》上。

工业革命没有在中国发生而发生在西欧？求解"李约瑟之谜"，在于洞察中国传统社会为何由盛至衰，更在于当前复兴进程中我们怎样吸取历史的经验教训而保障复兴伟业的可持续性。中国复兴伟业如能顺利推进，这也许是人类历史上由盛而衰，再由衰至盛的为数不多的，甚至可能是迄今唯一的大国案例。其模式贡献的世界意义不言而喻。

十七届五中全会以科学发展和民富国强统领未来发展，是在遵循人类社会发展规律基础上对复兴模式的科学探索，是在更高起点上的一次经济社会发展的科学试验。

对改革开放以来中国经济社会发展，20世纪90年代初世界银行曾用"中国奇迹"来概括。这主要是增量改革下中国经济规模的持续扩张，是市场化改革下各种发展动力的超常规释放。1992年党的十四大提出建立社会主义市场经济体制，标志着进入存量改革阶段；1998年宣布初步建立社会主义市场经济体制；新世纪初提出头20年建成完善的社会主义市场经济体制，现在恰好处于攻坚阶段。这是一个理性演进的科学探索。全面系统完善的市场经济体制的建立，是一个不断演进的理性过程，是一个不断"试错"的过程，是一个不断发现规律并进行调整的过程。经过三十多年的探索，我们处在复兴进程的关键时期，需要总结历史，正视现实，更要规划明天，力图在更高的起点上再绘宏图。

三十多年的改革，先易后难。当前中国发展面临的关键是，如何从量大到质优，如何从大到强？不容否认的是，我们已经进入利益分化与利益博弈的时代，各种改革涉及的利益关系更是错综复杂地交织在一起，这就需要从中科学抽象出下一步改革的逻辑起点。这是中国复兴模式成功的关键所在。

追求民富，是科学发展的本质体现之一，是本次会议具有战略意义的历史贡献。这是历史与现实相一致的呼声，从历史规律与国际经验看，一个民族国家，经过发展，经历民富，走向公民国家，是一个国家由大到强的必然表现。从现实看，民富是社会和谐有序的基石，是转向内需主导模式、发挥内需规模效应的基础。

追求民富，也是高层与民间相一致的呼声。做大"蛋糕"与分好"蛋糕"，具有辩证性的互动关系，在不同历史阶段有着不同的表现。在经历过先富与后富的非均衡历史阶段后，逐步实现高水平的共同富裕，是历史演进的必然，并成为高层和民间所逐步认知的常识。基于民富而形成改革共识，将是未来时期科学发展的逻辑起点。

现在需要回答的是：怎样实现民富？这需要各界的理性博弈。但必须摈弃的一个误区是：为民富而民富，为分配而分配。历史经验表明，在全球化背景下，大国的崛起，就是公司的崛起，通过公司组织形态的丰富与分工的细化，通过生产的关联与强大，形成多元化的民富路径，即民富是生产出来的。我们在追求民富的伟大命题之下，在相关制度框架设计的理念上不能出现偏颇，否则将会在复兴进程中遇到曲折。

3. 转方式：复兴伟业的科学之路①

2010 年 10 月 18 日闭幕的党的十七届五中全会通过的《中共中央关于制定国民经济和社会发展第十二个五年规划的建议》（以下简称《建议》），在新中国发展史上具有里程碑式的意义。《建议》首次以科学发展为主题统领未来五年规划，强调以加快转变经济发展方式为主线，是推动科学发展的必由之路。转方式，必须要科学把握发展规律，需要有历史的宏大视野。

一、复兴之路与"李约瑟之谜"求解

作为发展中大国，中国正在进行一项伟大的事业——努力实现中华民族的伟大复兴。2010 年上半年，中国生产总值（GDP）超过日本，位居世界第二位，这是中华民族复兴的标志。回顾历史，中国在世界经济版图中的地位变迁令人深思。中国 GDP 占世界的比重，先升后降再升，公元 1000 年为 22.7%，1500 年为 25%，1600 年为 29.2%，1700 年为 22.3%，1820 年为 32.9%，达到顶峰；之后开始下降，1870 年为 17.2%，1913 年为 8.9%，1950 年为 4.5%，降到谷底，持续徘徊，1973 年为 4.6%；1978 年

---

① 本文应《广东地方税务》之邀而作。

后开始快速上升，1998 年为 11.5%，2010 年位居世界第二。

遥想当年，中国何其兴盛，又何其屈辱。今日中国，处于复兴进程的关键时期。这种复兴，如能成功持续，将是一种奇迹：这也许是人类历史上由盛而衰，再由衰至盛的为数不多的，甚至可能是迄今唯一的大国案例。

中国的复兴伟业能否成功，在于我们能否求解或走出"李约瑟之谜"。英国著名科技史学家与科技哲学家李约瑟博士在 20 世纪中叶提出：在前现代社会中国科技遥遥领先于其他文明，为何在现代中国不再领先？为什么工业革命没有在中国发生而发生在西欧？

求解"李约瑟之谜"，在于洞察中国传统社会为何由盛至衰，更在于当前复兴进程中我们怎样吸取历史的经验教训而保障复兴伟业的可持续性。这一伟业的推进，需要全方位、多层次的协调与互动，不断调整，不断磨合，不断改进，不断完善，需要在错综复杂的利益图景中寻找实现远景的可能路径。这既需要单方突破，也更需要协同共进。这一切都需要把握经济发展的核心规律。

二、科学发展与收益递增

人类社会面临的基本问题就是生产什么、生产多少、怎样生产、为谁生产。经济是行为主体通过供给实现增值的活动。通过投入产出的技术转换实现增值，是经济发展的第一要义，但这一转换面临众多的内部与外部约束条件。纵观世界经济发展史，许多国家或地区曾经辉煌一时，但不能突破经济发展中收益递减规律的制约。收益递减是经济发展模式不变条件下的必然规律。经济发展模式转变，实际上是一种"创造性破坏"，是一种扬弃，是寻找与构建收益递增机制的必然结果。构建收益递增机制是突破经济发展瓶颈的核心环节。

美国经济学家罗斯托提问，为什么古代文明和中世纪欧洲未能持续地发展，为什么传统社会未能产生自我维持的增长？是什么因素促进了现代经济的起飞并进入持续发展？传统经济一直没能走出兴衰周期的循环，工业革命的来临和现代资本主义的产生，结束了经济增长长期停滞的局面。现代经济表现为生产力的无限扩张。马克思在1848年《共产党宣言》中指出，"资产阶级在它的不到一百年的阶级统治中所创造的生产力，比过去一切世代创造的全部生产力还要多，还要大……过去哪一个世纪料想到在社会劳动里蕴藏有这样的生产力呢？"

工业革命，体现为突破收益递减规律的限制，实现收益递增的过程。商业革命、科技革命、金融革命、法制革命相互综合作用，促发了产业革命，实现了可持续的收益递增过程。

三、转变方式是科学发展之路

《建议》以科学发展统领未来图景，强调加快转变经济发展方式是我国经济社会领域的一场深刻变革，必须贯穿经济社会发展全过程和各领域，提高发展的全面性、协调性、可持续性，坚持在发展中促转变，在转变中谋发展，实现经济社会又好又快发展。这不仅为"十二五"规划定基调，更是为中国未来30年甚至更远时期的经济社会全面转型与发展模式探索指明方向，这是在遵循人类社会发展规律基础上对复兴模式的科学探索，是在更高起点上的一次经济社会发展的科学试验。其模式贡献的世界意义不言而喻。

改革开放以来我国经历了三十多年的高速增长，不同地区、不同行业、不同领域都可能面临着收益递减规律的制约。我们需要从投入产出技术转换的内部与外部约束条件入手，为培育收益递增机制创造条件与基础。《建议》重大理论贡献之一就是指出，科学发展是伟大复兴的必然路径，其实质在于构建经济发展的收益递增机制。

《建议》强调，构建扩大内需长效机制，促进经济增长向依靠消费、投资、出口协调拉动转变。实现伟大复兴的大国发展战略的核心之一是市场拓展。在妥善处理贸易摩擦，稳定美国、西欧及日本三大传统市场的同时，我们更需要开拓新兴市场。据统计，新兴市场国家经济规模占全球 GDP 的份额，在此次金融危机前为 40%，金融危机后为 50%。当然，随着发达国家经济发展由消费驱动向出口驱动模式的转变，对新兴市场的竞争将更为激烈。更为重要的是，我们要紧紧抓住中国经济自身市场这一最大优势，要保护、维持和推动国内市场。《建议》强调，把扩大消费需求作为扩大内需的战略重点，逐步使我国国内市场总体规模位居世界前列。其最终目的是为我国经济发展模式转变进而实现收益递增提供良好的市场空间。

《建议》强调，加快构建有利于科学发展的体制机制。经济系统面临的第一问题就是资源的稀缺性。市场体系运行能不能反映资源的稀缺性，是投入产出能否有效转换的关键。目前我国部分产业产能过剩，资源能耗居高不下，一个重要的原因是价格没有反映资源的稀缺性。我们需要构建一系列的市场制度来解决这一问题。其中，一项重要内容就是建立和形成一套更能反映资源稀缺性与供求关系，更能反映市场运行规则的价格机制与价格体系。把资源的开发成本、占用、消耗、生态补偿都体现在价格里，这有利于提高资源配置效率，促进发展模式转变。对此，我们要理性看待资源价格的波动（尤其是上涨），该我们承担的发展模式转换的短期成本，我们必须理性面对，这是长期可持续发展与实现阶段性收益递增的需要。

否则，我们的低价格，实际上是通过直接或间接渠道补贴了国外相关企业和居民。价格上涨可为收益递增拓展一定的空间。因此，资源税费与资源价格的改革，需要尽快进行，更需要形成共识。稀缺的资源，早进入市场，早受益。《建议》关于"六大改革"的论述，尤其是加快财税体制改革、深化资源性产品价格和要素市场改革的政策精神，是为实现收益递增发展机制谋划的一个体制框架。

《建议》强调，发展现代产业体系，提高产业核心竞争力。经济发展的载体是产业体系，产业链的协调与整合是至为关键的。产业链各个环节间的分工与专业化是收益递增的媒介，分工与市场具有累积循环作用：市场规模扩大引致分工深化，分工深化又引致市场规模扩大；市场范围的扩大为进一步分工与协作提供了递增的收益激励。这需要建立与发展新兴产业，丰富与完善产业体系，新产业就是新动力。更为重要的是，产业链的分工与协作，需要大、中、小企业的共生与并存。我国小企业的发展不足，已经成为我国经济增长活力不足的关键。目前我国每千人拥有企业 11 家左右，不仅低于发达国家 45 家左右的水平，也低于发展中国家 25 家左右的水平。这需要我们从准入门槛、投资条件等方面赋予小企业发展的基础，做到机会公平。国民待遇或者民间力量对于经济社会运行相对平等的参与，是分工协作顺畅运行进而实现收益递增的关键。

《建议》强调，坚持把科技进步和创新作为尽快转变经济发展方式的重要支撑。在构建良好的外部环境与发展条件的同时，通过投入产出技术转换进而实现收益递增的关键就在于效率机制。技术的有效利用以及技术创新形成新的生产要素组合，就至关重要了。这需要自主创新，更需要企业家精神。自主创新需要政府产业政策的引导与支持。发达国家的历史告诉我们，大国的崛起，就是公司的崛起。公司是经济社会进步的力量。而每一家公司的成长与做强做大，企业家至关重要。创新是企业家的灵魂，早在 20 世纪初，著名经济学家熊彼特就告诉我们，企业家的创新精神、"创造性破坏"的周期性出现，是经济发展的常态和持续动力。企业家是市场机会的发现者，是创新的策动者，是微观生产领域创新的组织者与实施者。企业家精神的成长，需要市场的历练，需要社会的认同与政策赋予的广阔空间。这是我们需要努力的方向。

4. 支撑"中国奇迹"的思想精髓①

2012 年的春天，人们回想 1992 年发生的"春天的故事"，纪念邓小平南方讲话 20 周年。各种会议林林总总，各种媒体全方位展示，力图还原 20 年前的细节和原貌，力图寻找当年邓公说过的但未公开报道的话语，以求解决当前面临的问题和困难。此时，我们需要回答一个关键问题：纪念邓小平南方讲话，最应该纪念什么？

邓小平南方讲话的最大成就，就是巩固、推进、扩大了"中国奇迹"。20 世纪 90 年代中期，世界银行发表报告《2020 年的中国：新世纪的发展挑战》专题探讨中国 1978 年改革开放以来的经济快速发展，探讨"中国奇迹"的成因及未来趋势。当时形成一种看法："中国奇迹"如果能够成功持续，将成为人类历史上为数不多，也许是唯一的由盛而衰，再由衰至盛的大国案例。2010 年中国生产总值（GDP）达到 5.8 万亿美元，居世界第二位，2011 年依然居第二位。"中国奇迹"的进程，就是中华民族伟大复兴的进程。

"中国奇迹"的发生，持续了三十多年，绝不可能是偶发的，必然是契合了规律和趋势。那么，支撑"中国奇迹"的最大动力源泉是什么？邓小

① 本文发表于 2012 年 2 月 13 日的《南方日报》上。

平南方讲话，所有的话语都可以归结为他的那句名言：发展是硬道理。这句话破解了阻碍"中国奇迹"的思想迷雾，把中国发展路径纳入到世界大趋势和基本规律之中。

发展是硬道理，深藏在历史。东西方文明的分岔，始于1492年哥伦布发现新大陆和1498年达伽马开拓新航线。西欧人航海的冲动（其实是逐利的冲动、发展的冲动），开拓了世界市场，促进了西欧民族国家的兴起、工业革命的发生和市场经济体系的形成，这是理性自发演进的结果。与此同时，明朝的禁海，以稳定为最大化，主动切断了与世界市场的联系，使中国一直陷入"王朝更替循环"的困境之中，难以突破发展的"超稳定系统"，这是中国王朝"建构理性"的结果。在西欧内部，拿破仑兵败于被他称为"小店主国家"的英国，在于英国的小店主促进了英国的大发展，法国频繁的军事行动却耽搁了发展的机遇，扭曲了发展的路径。

发展是硬道理，深藏在制度。发展需要良好的制度保障，但制度不是空中楼阁，而是基于现实。现实问题是一切制度的起点，世界上本来就没有现成的路。在这一点上，我们需要回到马克思所说的：生产力决定生产关系，生产关系反作用于生产力。没有生产力的发展，就不可能有相对健全的制度，就没有二者的良性互动。没有纺织机，没有蒸汽机，就不可能有现代工厂制度；没有铁路，没有轮船，就不可能有现代贸易制度；没有计算机，没有互联网，就不可能有现代金融制度。从男耕女织到全球交换，经济的融合促进了文明的融合，其背后是制度的融合。

发展是硬道理，深藏在现实。美国债务危机、欧洲主权债务危机，都告诉我们，高福利社会的支撑在于发展。没有发展，仅靠政府借债和发行货币，只能一时，不能一世。美国重新实施"再工业化"战略，号召企业重新回到美国，就是回归到"发展是硬道理"的路径。欧洲主权债务危机的最终解决，还是要靠各国自身经济结构和产业体系的调整与创新，也是要回归到"发展是硬道理"的路径。国家如此，企业也是如此。柯达的破产，就是因为没有紧紧抓住数码技术的大趋势而及时转型造成的，就是因为偏离了"发展是硬道理"的路径。我们还处在工业化进程中，不能也不允许偏离"发展是硬道理"的路径。正如邓公所言，社会主义初级阶段，需要几代人、十几代人甚至几十代人的努力才能完成。

发展是硬道理，深藏在理念。一个社会要激励社会成员勤奋进取，而不能造就一批懒人、庸人，这需要形成正确的财富观。君子爱财，取之有道。增加财富是社会进步的动力。一个人、一个企业，客观为别人，主观为自己，实现社会激励相容。这种追求财富的方式，正是和谐社会的体现。同时，幸福的基础在于财富，有了财富不一定幸福，没有财富则肯定不幸福。对财富的蔑视（进而对发展的责难），往往是穷人或穷国心态。通过发展，才能实现心态的转变。从穷国心态到大国心态，到强国心态，到富国心态，这是一种发展的历程。

发展是硬道理，深藏在纠错。当前，社会矛盾错综复杂，引发"发展是硬道理是不是过时了"的争论。其实，任何社会都会有矛盾和问题。这不是发展的错，而是"发展得不够"的错，而是阻碍发展的理念、阻碍发展的利益集团的错。真正的发展，在于形成开放社会，开放社会的标志是形成自纠错机制。为什么城乡差距如此之大，为什么群体间贫富差距如此之大，为什么农民工难以真正成为产业工人？答案在于现代产业体系的丰富性与多样性不够，在于我们的民间资本没有能够进一步变大、变强。市场本身具有纠错机制，但碰到行政性垄断就难以有效发挥作用了。

发展是硬道理是对世界发展大趋势和基本规律的总结与展望，是支撑"中国奇迹"的思想精髓。对邓小平南方讲话最好的纪念，不是争论"发展是硬道理是不是过时了"，而是应该集中精力探讨"如何实现又好又快的发展"。

发展是硬道理，这一命题亘古不变。

5. 理解新常态需要宏观大视野①

认识、理解、适应、应对中国经济新常态，是最高决策层根据中国经济运行状况发出的一种政策信号和政策取向，是当前我国乃至全球社会各界热议的焦点问题之一。如何理解新常态，决定了如何适应与应对新常态。理解新常态，需要用发展的动态眼光，从全球化进程中中国大国地位的历史变迁与未来趋势的视角，进行全方位、多层次、系统的审视。

新中国改革开放三十多年的最大成果是，中国经济总量于 2010 年始位居世界第二。这不仅是中华民族伟大复兴的体现，更是全球化进程中具有决定性影响力的大事件。中华民族由盛而衰，再由衰至盛，这一大国案例是空前的，在人类历史上是鲜见的。世界银行称之为"中国奇迹"，是恰如其分的，如果形容得更精确一点，应该叫"大国奇迹"。

这一成果的取得，在于中国经济三十多年的高速增长。境内外的基础条件支撑了中国的高速增长：境内的发展需求与境外的资本需求有效地进行了连接，资源与市场进行了有效的握手。中国经济高速增长的背后，是基于理性选择的生产要素的全球化配置。这一配置的结果使中国具有较高的潜在经济增长率，市场化的制度变迁充分释放了这一生产力。

---

①　本文发表于 2014 年 8 月 25 日的《南方日报》上。

变化是永恒的。支撑中国经济高增长的境内外基础条件在发生变化，这是正常的，也是符合世界经济发展趋势与规律的。所谓新常态，核心就是：中国经济处于增长速度换挡期，从 10% 左右的增长速度转换到 7.5% 左右的增长速度，这是一种正常的表现，这是基础条件的变化所决定的。基础条件的新常态，决定了经济增长速度的新常态。基础条件的新常态包括：市场新常态、资本新常态、劳动力新常态、技术新常态、结构调整新常态、全球化转型新常态、宏观调控政策新常态、社会认知理念新常态等。

围绕着经济增长速度换挡，社会各界会产生一个很大的疑问：面对经济增长速度下降，"中国梦"的实现路径何在？"在中国共产党成立一百年时全面建成小康社会，在新中国成立一百年时建成富强民主文明和谐的社会主义现代化国家"这"两个百年目标"的实现路径何在？中国经济发展新动力何在？

寻求经济发展新动力，是适应并应对新常态的关键。面对全球政治经济秩序与经济格局的大转型，中国经济发展新动力关键在于两点：市场化与新工业革命。

发挥市场决定性作用，是一种新常态，更是一种新动力。十八届三中全会提出，"紧紧围绕使市场在资源配置中起决定性作用深化经济体制改革"。这句话是未来中国经济政策的主线，也是中国国家治理体系与治理能力现代化的主线，主线就是新常态。这是一个相互联系的新常态系统：一是负面清单管理。负面清单管理是对正面清单管理的彻底颠覆，法不禁止即自由，释放一切可以释放的活力。负面清单管理将引领经济社会管理模式的转型，这意味着经济社会管理新常态的到来。二是混合所有制。十八届三中全会提出，"国有资本、集体资本、非公有资本等交叉持股、相互融合的混合所有制经济，是基本经济制度的重要实现形式"。混合所有制企业，是市场意义上的企业，是发挥市场决定性作用的微观基础。混合所有制需要的是企业家的创新精神，需要的是资本的效率。混合所有制，是世界经济的常态（不是新常态），必将是我们的新常态。三是科学调控。"中国梦"的实现需要可持续机制，中国需要没有水分、实实在在的经济增长。科学的宏观调控，是基于市场经济规律的机制化调控。机制化调控替代刺激型调控，将是一种新常态。四是现代化的财税体制。财政是国家治理的基础和重要支柱，全面规范、公开透明的预算制度是其核心。政府不能乱花钱，将成为新常态。八项规定、六项禁止，只是一个起点，最终目标是建立现代预算制度。其最大好处是，资源将最大可能配置到生产性领域，而不是分配性领域。五是利用市场化手段进行结构调整，化解产能过剩，发展战略性新兴产业，而不是行政引导。这是一种动态调整的自我纠错机制与再平衡机制，亦是新常态。总之，市场决定性是中国未来发展的制度动力新常态。

新工业革命的引领与冲击，将是新常态，更是新动力。过去三十多年，我们常说，制度重于技术。现在我们应该说，技术重于制度。新工业革命的核心是自由人的自由联合。这跨越了时间和空间，是一种全新的经济社会组织方式和运行方式。其核心是收益递增，是价值网络的最大化，而不是单一价值的最大化。中国未来经济的发展，必须要全方位主动融入这一全球化浪潮，抓住了机遇，就是抓住了动力。而融入的关键是进行市场化的科技创新，打通从科技强到产业强、经济强、国家强的通道，让市场真正成为配置创新资源的力量，让企业真正成为技术创新的主体。正如习近平总书记所言，"现在不拿出壮士断腕的勇气，将来付出的代价必然更大"。拥抱新工业革命，是中国未来发展的技术动力新常态。

发挥市场的决定性作用，主动融入新工业革命，是顺应世界大势，更是为了改变和完善中国经济发展的基础条件，使高质量的经济增长潜力和增长速度保持持续稳定。

6. 双目标：新常态下增长与发展并重①

2015 年 3 月 5 日，李克强总理在政府工作报告中指出，我国经济要着眼于保持中高速增长和迈向中高端水平"双目标"。前者是增长目标，后者是发展目标。这是新常态下经济增长与经济发展并重的决策部署。"双目标"是在准确认识、尊重并顺应基本规律的基础上提出的，具有科学的战略意义。

"双目标"准确把握了指数增长的基本逻辑和基本规律。指数增长，类似于复利或者利滚利，像滚雪球一样，越滚越大。随着经济规模的扩大，经济增长速度必然逐步下降；增长速度下降了，但增长的绝对数额不一定下降。当经济规模为 5 万亿美元时，下一年增长速度为 10%，增长绝对额为 5 000 亿美元；当经济规模为 10 万亿美元时，下一年增长速度为 7%，增长绝对额为 7 000 亿美元。增长速度下降了，但增长的绝对额却上升了。

理解指数增长，一定不能陷入增长速度幻觉，要尊重基本规律：经济规模越大，经济增长速度会逐步降低。2014 年美国生产总值（GDP）为 17.4 万亿美元，中国为 10.4 万亿美元；如果 2015 年美国增速为 4%，则增长额为 6 960 亿美元，中国增速为 7%，增长额为 7 280 亿美元；中美增速

---

① 本文发表于 2015 年 3 月 9 日的《南方日报》上。

差异大（相差 3 个百分点），但增长额差异不大（只有 320 亿美元）。中国经济增长从高速转向中高速为特征的新常态，正是指数增长基本规律的必然结果。认识这一规律极其重要，否则对增长问题只能雾里看花。

中高速增长目标，是基于基本国情和基本世情的。我们需要记住一个基本事实：吨位决定地位，经济规模的国际地位，决定了中国的国际地位。我国还处于并将长期处于社会主义初级阶段，经济绝对规模与美国的差距还很大，只有美国的三分之二。我国的人均 GDP 与发达国家差距更大，只排在全球 90 位左右。可见，人均 GDP 向发达国家趋同，我国的经济增长速度不能太低，一定要保持中高速增长。我们一定要正确认识 GDP，不能妖魔化 GDP，不能片面地"去 GDP 化"。我们需要中高速增长，因为我们还无法应对低速增长引致的错综复杂的局面。当前，各地方运动式的"去 GDP 化"现象值得警惕。从一定程度讲，未来一段时期内，中高速增长是硬道理，是实现"两个百年目标"、实现"中国梦"的基础。

中高速增长，一定要是没有水分的增长，实实在在的增长，这就要求经济发展迈向中高端水平。从国际环境看，自从 18 世纪工业革命以来，世界制造中心（世界工厂）几经变迁：从英国到美国，从美国到日本，再到中国。每一次世界制造中心的变迁，必然有一个强国的出现，世界工厂以其强大的生产影响力和市场影响力推动着该经济体的快速成长。即使在生产要素成本上升而发生产业转移之后，该经济体的世界影响力依然存在。其核心在于：伴随着产业转移，强国进行了全球价值链和全球产业链布局。美国、日本的经验是：产业转移后，通过产业链连接，构成全球价值链。这一经验值得借鉴。

当前我国经济发展到了必须迈向中高端水平的阶段，经济必须提质增效，这是国际大环境和国内小环境互动决定的。国际上，资本品工业回流到发达国家，消费品工业流向发展中国家。外商直接投资（FDI）全球流动格局发生变化。我国不能逆转而只能顺应这一变化，这就是要倒逼产业链升级，突破低端锁定，迈向中高端水平。在国内，我国企业到了必须"走出去"的时候，资本输出正当其时。国家实施"一带一路"战略，就是要进行全球价值链和产业链布局，发挥国内和国际两个市场的潜力，利用国内和国际两个资源优势，进行全球资源配置，这是迈向中高端水平的基础和动力。

思路决定出路，布局决定结局。在新工业革命时代，发达国家正在寻求新的经济增长点和经济发展新动力，经济社会转型和产业升级的速度在加快，虽然其增长速度低于我们的速度。新工业革命跨越了时间和空间，是一种全新的经济社会组织方式和运行方式。其核心是收益递增，是价值网络的最大化，而不是单一价值的最大化。中国未来经济的发展，必须要全方位主动融入这一全球化浪潮，抓住了机遇，就是抓住了动力。这需要改变和完善我国经济发展的基础条件，从低端水平迈向中高端水平。

可见，经济增长中高速是硬道理，经济发展中高端水平也是硬道理，二者是一体的，与国情、世情密切相关，与短期、长期密切相关。从更深层次讲，"双目标"的实现，是全面建成小康社会的具体表现。"双目标"的实现过程，是全面深化改革的具体实践和探索过程。"双目标"实现过程中的规则形成和秩序平稳，是全面依法治国的有效推进和理念普及。"双目标"实现过程中的关键矛盾和利益问题，是全面从严治党的着力点。"双目标"是"四个全面"的战略体现。

7. 夯实经济增长的微观基础[①]

经济涨落本是常态，但人们普遍的心态是：喜涨怕落。2012 年上半年，全国经济同比增长 7.8%，广东经济同比增长 7.4%，成为近年来经济增长速度的新低。经济运行进入"下行通道"，如何实现经济稳增长成为当前社会各界共同探讨的议题。此时的心态至关重要：稳增长，不能在乎一时的经济数据的扭转，不能仅限于短期的刺激政策，而要着眼于探索经济增长的可持续机制，塑造并夯实能够实现短期增长和长期发展良性互动的微观基础。

企业是经济增长的微观基础。丰富的企业形态，大、中、小、微企业并存且良性互动，是经济可持续健康增长的科学机制。近年来，中小微企业发展呈现出式微态势，需要警惕。要树立科学认识，从国家发展战略和经济安全角度重新审视中小微企业的作用。从现实看，我国中小微企业贡献了：50% 以上的税收，60% 以上的 GDP，70% 以上的产品创新，80% 以上的就业，90% 的企业数量。从历史看，1783 年工业革命发生在英国。正是在看不见的手的指引下，成千上万的小企业推动了第一次工业革命，使英国这个"小店主国家"成为征服半个地球的强大国家。

---

①　本文发表于 2012 年 7 月 30 日的《南方日报》上，8 月 6 日被《西安日报》转发，8 月 25 日被《中国工商报》转发。

当前，要稳增长，要营造良好的营商环境，关键环节之一是要让中小微企业"生长成型"。

一是允许中小微企业顺利"出生"。关键之处在于要改审批制为注册制，才能充分释放民间力量的能量。英国每年新成立公司超过 35 万家，对公司注册限制很少，股本可以低至 1 美元，几乎任何人都可以成立公司。美国注册公司很简单，不需要任何花费，一天之内就可以创立一家公司，硅谷的成功关键之一就在于此。在香港，无论千万富翁，还是赤手空拳的穷小子，只要向公司注册处缴纳不到 2 000 元的费用并出示身份证，最快 6 天，新公司就可以开张。另外，中小微企业能否顺利"出生"，还影响着宏观经济政策的效果。本次金融危机，美国很快走出来了，但欧盟依然深陷泥潭。美国、欧洲不同的微观经济结构使得以增长为基础的宏观经济政策在美国的实施比欧洲更有效。世界银行估计，欧盟国家成立新的小型企业所花费的时间是美国的 2 倍。成立新企业的烦琐程序阻碍了扩张性货币政策效应的传导。广东如果能够先行先试，实行注册制，将迎来中小微企业的大发展。

二是鼓励而不是抑制中小微企业"长大"。当前中小微企业运营进入高成本时代：利率高、汇率高、税率高、费率高、薪金高、租金高、土地出让金高。政府要塑造良好的营商环境，首先是要降低税负，实行结构性减税；其次是规范各种费。珠三角地区某市台商协会年初的问卷调查表明，企业遭遇各种收费高达 73 种，一家企业一般都要交纳 20 多种费用。因为"费"是有自由裁量权的，企业更怕"费"，所以税费必须分流归位，遏制不合理"费"的增长。同时，政府要实现基本公共服务均等化，覆盖到中小微企业，降低企业的福利成本。另外，中小微企业融资是个大问题，不能仅仅寄希望于中小金融机构的成长。国外许多大银行，大量做中小微企业融资业务，因为银行众多，大企业业务饱和，只能做中小微企业业务。我国应该加快利率市场化，实现银行充分竞争，一旦业务饱和，银行寻找新市场，就必须找中小微企业。

三是用健康的心态看待中小微企业的"成功"。"无恒产者无恒心"，一个国家或地区的崛起，就是公司的崛起；公司的崛起，就是企业家精神的崛起。广东需要再塑企业家精神，要构建"有恒产者有恒心"的制度预期，鼓励创业，支持长大，激励成功；构建尊重独立人格、保护私人财富的制度支持系统，探索建立利用司法公权力侵害私人财产的责任追究制度。

四是引导中小微企业"成型"或"转型"。中小微企业如同人体细胞，市场竞争与淘汰是正常现象。中小微企业发展一定要遵循市场经济规律。政府要引导中小微企业分类成长，要么"成型"，要么"转型"。对于传统手工艺企业，要么做百年小店，限住量才能守住质，要持之以恒，做成奢侈品，做成品牌；要么引入机器，实现机械化、标准化、自动化的批量生产，以量取胜。对于多数企业，要转到别的领域，才能进一步发展壮大。想当年，丰田公司从纺织品做到纺织机再转到汽车，诺基亚公司从造纸转到电线电缆再转到无线通信，都是转型成功的经典案例。引导中小微企业转型，政府要引导企业与市场握手，关键在于做好信息服务与公共物品服务，降低甚至完全去除转型的壁垒和门槛。

8. 增长活力在于构建收益递增机制①

中央经济工作会议提出，要更加注重推进改革开放和自主创新、增强经济增长活力和动力。这是未来时期下功夫转变经济发展方式的重要方面。问题的关键是怎样增强经济增长的活力和动力？对这一问题的理性思考，既要回到经济的本源，又要兼顾当前的现实约束，更要有历史的宏观视野。

人类社会面临的基本问题就是生产什么、生产多少、怎样生产、为谁生产。经济是行为主体通过供给实现增值的活动。通过投入产出的技术转换实现增值，是经济发展的第一要义。这一转换面临众多的内部与外部约束条件。

纵观世界经济发展史，许多国家或地区曾经辉煌一时，但不能突破经济发展中收益递减规律的制约。收益递减是经济发展模式不变条件下的必然规律。经济发展模式转变，实际上是一种"创造性破坏"，是一种扬弃，是寻找与构建收益递增机制的必然结果。构建收益递增机制是突破经济发展瓶颈的核心环节。

作为发展中大国，中国正在进行一项伟大的事业——努力实现中华民族的伟大复兴。这也许是人类历史上由盛而衰，再由衰至盛的为数不多，甚至可能是迄今唯一的大国案例。这一伟业的推进，需要全方位、多层次

---

① 本文发表于 2010 年 1 月 8 日的《南方日报》上。

的协调与互动，不断调整，不断磨合，不断改进，不断完善，需要在错综复杂的图景中寻找实现路径。

伟大复兴的必然路径之一是构建收益递增机制。改革开放以来我国经历了三十多年的高速增长，不同地区、不同行业、不同领域都可能面临着收益递减规律的制约。我们需要从投入产出技术转换的内部与外部约束条件入手，为培育收益递增机制创造条件与基础。

经济系统面临的第一问题就是资源的稀缺性。市场体系运行能不能反映资源的稀缺性，是投入产出能否有效转换的关键。目前我国部分产业产能过剩，资源能耗居高不下，一个重要的原因是价格没有反映资源的稀缺性。我们需要构建一系列的市场制度来解决这一问题。其中，一项重要内容就是建立和形成一套更能反映资源稀缺性与供求关系，更能反映市场运行规则的价格机制与价格体系。把资源的开发成本、占用、消耗、生态补偿都体现在价格里，这有利于提高资源配置效率，促进发展模式转变。对此，我们要理性看待资源价格的波动（尤其是上涨），该我们承担的发展模式转换的短期成本，我们必须理性面对，这是长期可持续发展与实现阶段性收益递增的需要。否则，我们的低价格，实际上是通过直接或间接渠道补贴了国外相关企业和居民。价格上涨可为收益递增拓展一定的空间。因此，资源税费与资源价格的改革，需要尽快进行，更需要形成共识。稀缺的资源，早进入市场，早受益。

经济发展的载体是产业体系，产业链的协调与整合是至关重要的。产业链各个环节间的分工与专业化是收益递增的媒介，分工与市场具有累积循环作用：市场规模扩大引致分工深化，分工深化又引致市场规模扩大；市场范围的扩大为进一步分工与协作提供了递增的收益激励。这需要建立与发展新兴产业，丰富与完善产业体系。新产业就是新动力。更为重要的是，产业链的分工与协作，需要大、中、小企业的共生与并存。目前，我国小企业的发展不足，已经成为我国经济增长活力不足的关键。目前我国每千人拥有企业 11 家左右，不仅低于发达国家 45 家左右的水平，也低于发展中国家 25 家左右的水平。这需要我们从准入门槛、投资条件等方面赋予小企业发展的基础，做到机会公平。国民待遇或者民间力量对于经济社会运行相对平等的参与，是分工协作顺畅运行进而实现收益递增的关键。

实现伟大复兴的大国发展战略的核心之一是市场拓展。在妥善处理贸易摩擦，稳定美国、西欧及日本三大传统市场的同时，我们更需要开拓新兴市场。据统计，新兴市场国家经济规模占全球 GDP 的份额在此次金融危机前为 40%，金融危机后为 50%。当然，随着发达国家经济发展由消费驱动向出口驱动模式的转变，对新兴市场的竞争将更为激烈。更为重要的是，我们要紧紧抓住中国经济自身市场这一最大优势，要保护、维持和推动国内市场。扩大内需是一项基本国策，其最终目的是为我国经济发展模式转变进而实现收益递增提供良好的市场空间。

在构建良好的外部环境与发展条件的同时，通过投入产出技术转换进而实现收益递增的关键就在于效率机制。技术的有效利用以及技术创新形成新的生产要素组合，就至关重要了。这需要自主创新，更需要企业家精神。自主创新需要政府产业政策的引导与支持。企业家是市场机会的发现者，是创新的策动者，是微观生产领域创新的组织者与实施者。企业家精神的成长，需要市场的历练，需要社会的认同与政策赋予的广阔空间。这是我们需要努力的方向。

伟大复兴需要收益递增，经济活力需要收益递增。市场机制、产业协作、市场容量、效率增进、企业家精神构成了收益递增机制的基础与关键环节。这需要全社会的共同努力，共担成本，共化风险，共享未来。

9. 转型需要新觉醒①

　　在全球经济社会大转型的背景下，广东经济社会转型的突破路径在何处，中国经济社会转型的突破路径在何处，我们的转型如何与全球化互动，这是亟须回答的关键问题。习近平总书记在视察广东时强调，改革开放是我们党的历史上一次伟大觉醒，正是这次伟大觉醒孕育了新时期从理论到实践的伟大创造。改革开放是决定当代中国命运的关键一招，也是决定实现"两个百年目标"、实现中华民族伟大复兴的关键一招。

　　这告诉我们，我们的转型需要更深层次的改革开放，更深层次的改革开放需要新的伟大觉醒。伟大觉醒的核心在于：洞察发展大势，洞察发展的动态规律，洞察我们与发展大势的差距，洞察顺应发展规律的路径。觉醒引领行动，通过觉醒而行动起来，规划并实施改革开放的新方略。

　　广东需要再次觉醒，需要从被动觉醒走向主动觉醒。三十多年前，广东的觉醒与先行先试，是生存线上的被动行动，改革开放是唯一的突破路径，伟大觉醒引发的激情燃烧岁月，开启了广东的工业化进程与现代化进程；今天的转型时刻，广东需要的是主动觉醒，是富裕之后的自发警醒，需要更深层次的反省与突破，需要更清醒地认识目前所处的发展阶段与未

---

　　①　本文发表于 2013 年 11 月 4 日的《南方日报》上。

来发展趋势。这次觉醒，尤其需要厘清误区，需要抛弃惰性与懈怠，需要真正开启现代化的思想之门。

需要指出其中的一个关键认识是，广东并没有完成工业化进程，并没有进入后工业化时期，工业化的路还很远很远。工业化的实质是工业文明渗透到经济社会生活的各个环节。工业化理念的实质是工业精神：包含合作精神、契约精神、效率观念、质量意识、科学观和创新精神、持续发展观。欧美国家的工业文明，表面上源自发达的科学技术，内核则是工业精神的引领，重视理性，重视实业，重视科学与创新，提倡合理谋利和多边共赢。以此来判断，未来很长一段时期，广东仍然需要用工业文明的办法解决转型大问题。

广东需要再次与全球化深入互动，需要从被动切入走向主动引领。广东的工业化进程是全球化带动的，甚至可以说，没有全球化，就没有广东的工业化。三十多年前的改革开放，广东被动切入全球价值链，进入价值链的低端，完成了工业化从"无"到"有"的进程。今天的转型时刻，广东需要完成的是工业化从"有"到"强"的进程。此刻，我们面临的全球化图景更加错综复杂，我们需要拨开全球化的迷雾，需要看到第三次工业革命所带来的设计、生产、消费反馈一体化的开放互动式的产业链系统，完全有别于广东目前的生产结构，完全不同于传统的产业链分工模式；需要看到资本流向更加复杂，资本品工业流向发达国家，消费品工业流向发展中国家。

在新的全球化图景中，广东不能再次被动应对，被动意味着锁定低端环节；广东需要主动引领，需要抓住新一轮全球化与第三次工业革命的核心趋势和规律。但无法规避的现实是，在工业机器人、3D 打印、工业互联网等领域，广东（或者说中国）又一次落后了；在生态问题资本化与贸易化领域，发达国家更善于用工业文明的办法解决生态文明的问题，我们又一次落后了。历史给我们的机遇是，落后的距离并不太远，差距并不太大！我们需要思想深处的再一次觉醒，认识到我们所处的地位，认识到我们努力的方向，认识到抓住机遇、奋起直追进而主动引领工业化进程、引领全球价值链的战略意义。

广东的新觉醒，需要通过觉醒再次引领重点领域改革。就经济社会大系统而言，引导人们行为选择的核心变量是利率、税率、汇率。把这三个变量背后需要改革的领域进行深层次的改革，才能真正顺应发展大势和规律，从而引领转型升级。更为重要的是，利率、税率、汇率协同改革与协调互动，是一个系统工程，需要深层次的洞察和科学的顶层设计。

利率市场化是金融体制改革的一个基本方向，这需要一个充分竞争的金融市场。充分竞争的金融市场，需要各类金融机构和金融行为主体的参与，这尤其需要民间金融行为主体的参与。培育民间金融市场和金融机构，将成为利率市场化的微观基础。从金融抑制走向金融促进，广东需要抓住这一趋势和机遇，形成民间利率市场化的发展模式，进而为全国探索利率市场化提供借鉴。

就经济发展而言，税收问题的核心在于通过影响行为主体的成本收益理性计算，理顺产业链各环节的相对利益关系。尤为重要的是，不能因为税收的设置不合理，而导致产业链各环节资源配置的不协调。当前的"营业税改增值税"具有提纲挈领的作用，其长远意义，不亚于1994年的分税制改革。广东能否在"营业税改增值税"的推进过程中，快速反应，认真调研，科学探索，提炼出"营业税改增值税"的核心问题与推进模式，至关重要。

汇率，不仅是开放问题的核心，其与利率的联动，更是左右着全球各行为主体的神经。广东在构筑利率市场化微观基础的同时，应率先"走出去"，发行人民币债券，发展债权融资，与之相伴随的是"资本走出去，引进来"股权融资与股权投资，这样就在一定程度夯实了人民币国际化的区域微观基础。

广东作为我国经济关键增长极之一，探索利率、税率、汇率的协同并进，是转型关键时刻的重大选择。这是新觉醒之后的历史使命，广东需要再出发，需要再跨越。

10. 转型是为了更好地增长①

"中国梦"的实现，在于"两个百年目标"：在中国共产党成立一百年时全面建成小康社会，在新中国成立一百年时建成富强民主文明和谐的社会主义现代化国家。就第一个"百年目标"而言，需要解决一个关键矛盾：全面建成小康社会与中国经济增速下降的矛盾；就第二个"百年目标"而言，需要寻求一个关键路径：夯实中华民族伟大复兴的微观基础。

在解决这一关键矛盾和寻求关键路径的过程中，往往有一种认识误区，认为增长与转型是对立的，转型必然带来经济增长速度的放缓，维持较高的增长速度必须转型缓行。在当前经济下行压力较为严峻的情况下，这一论调更加甚嚣尘上，转型升级成为一种口头秀。

增长与转型，到底是不是天敌，或者说，二者到底是怎样的关系，需要我们加以厘清。厘清这一问题，不能过度关注一时一隅的冲击或个案表现，而是需要回到经济系统运行与发展的基本规律。

回望历史，许多国家或地区曾经辉煌一时，经济高速增长，之后陷入增长陷阱，经济发展缓慢甚至停滞。这背后的关键在于：决定一个国家或地区经济增长速度的是该经济体的基础条件。在封闭经济条件下，基础条

---

① 本文发表于 2014 年 3 月 10 日的《南方日报》上。

件主要是该经济体的资源禀赋；在全球化背景下，基础条件还要包括动员和配置全球资源的能力。这些基础条件决定了一个国家或地区的潜在生产能力，进而影响着该经济体的经济增长速度。

更为重要的是，在这一过程中，收益递减规律时刻发挥着作用。一个国家或地区经历高速增长之后呈现经济增长速度放缓的趋势，就意味着高增长需要更高的基础条件作为支撑。而迈向更高的基础条件的过程就是转型。可以说，转型是寻求收益递增的过程，转型是寻求新的增长点的过程，转型是寻求更高增长速度的过程。

我们可以坚定地说，增长与转型不是天敌，转型是为了更好地增长，高速增长是为了下一个新的转型。设想一个以生产自行车为主的经济体，转向生产汽车，经济总量将扩大成千上万倍，经济增长速度将会非常快。许多国家或地区的发展实践表明，经历高增长之后凡是发展停滞的，都是没能及时转型或者故意延迟转型的。在全球化背景下，正所谓：世界潮流浩浩荡荡，顺之则昌，逆之则亡。

因此，增长与转型是一种动态平衡的关系，而不是对立关系。如果从短期和长期的关系看，转型是为了追寻长期持续的高速增长，不转型只是增长的"一锤子买卖"。厘清增长与转型的基本规律，我们就要行动起来，因为时不我待，无谓的争议只能耗费时间。

环顾全球，发达国家已经行动起来。当前我们争论增长与转型的关键问题之一，就是工业文明与生态文明的关系问题：我们能否在工业文明框架内建设生态文明？我们能否实现经济增长与生态文明建设的兼容？如何通过转型而形成促进生态文明建设的产业体系与产业结构？

就在我们争论不休的时候，发达国家已经作出行动：把经济的快速增长与消除经济活动的不良生态影响结合起来，寻求突破。生态资本化与生态贸易化是发达国家经济增长的新动力，其目标是要形成生态化产业体系，这是发展理念的重大转型。生态文明建设不是倒逼产业转型升级，而是引领产业转型升级，并最终形成生态化产业体系。这一实质就是，用工业文明的办法解决生态文明的问题，实现了增长与转型的良性互动。

其实，在增长与转型争议的背后，是一些人心中的"小辫子"在作祟（最典型的就是 GDP 政绩观），或者是因为特定利益而无所作为，或者是惧怕转型风险而希望后来者承担。这就形成了"合成谬误"：每个人都知道这样下去不好，但每个人都因为特定利益而不采取行动，希望别人先行动起来。

这一争议的背后，是人们没有正确认识政府与市场的关系，没有认识到市场经济的基本规律。寻求增长与转型的动态平衡，我们需要剪除人们心中的"小辫子"，这把唯一可行的"剪刀"就是充分发挥市场在资源配置中的决定性作用。当前最有效的路径就是全面实施负面清单管理模式，法不禁止即自由，这是充分发挥各类市场主体活力的最大红利。

各类市场充分发挥活力，供给会创造自身的需求，需求会诱发新的供给，这就是发现宏观意义上的"长尾"，呈现更大的范围经济，出现更多的新的经济增长点。这一过程，既是增长，又是转型。正如克里斯·安德森所言，"我们的文化和经济重心正在加速转移，从需求曲线的少数大热门（主流产品和市场）转向需求曲线尾部的大量利基产品和市场"。

我们的经济增长主要依赖规模经济，现在我们要依靠市场的力量实现向范围经济迈进。每一个主体闯市场的过程，会汇聚源源不断的增长动力；每一个主体根据市场条件变化的自我调整，会汇聚源源不断的转型动力。

总之，充分发挥市场的决定性作用，会实现增长与转型的动态平衡。既要增长速度，又要转型升级，这不是梦，而是可以实现的图景。

11. 稳增长：新常态孕育新奇迹①

2014 年 12 月 11 日闭幕的中央经济工作会议，对我国未来经济发展趋势作出了战略性研判，中国经济进入新常态，需要认识、适应、引领新常态。这次会议不同于以往的经济工作会议，以往的会议主要关注于短期，集中于短期政策的取向和重点任务；本次会议兼顾短期与长期，并重在长期，既谈短期政策取向，更多的是讲长期趋势和模式变迁。

新常态，不是一年、两年的事情，而是一个长时段的特征事实。新常态，既是对过去三十多年经济发展的阶段性总结，又是未来经济发展的逻辑起点。这一次的战略性研判，将起到路径依赖的效应，在很大程度上影响着未来长期的经济社会发展。

在这一背景下，2015 年经济工作的五个重点任务，也是兼顾了短期和长期。这些任务具有新常态的逻辑起点意义，需要我们深入理解。五个任务之首是努力保持经济稳定增长。稳增长，成为步入新常态的关键起点之一。这该如何理解呢？

稳增长，是稳中高速增长，进而实现中国经济新奇迹。实现中华民族伟大复兴的"中国梦"，是前无古人的。承载十三多亿人口的大国经济，如

---

① 本文发表于 2014 年 12 月 15 日的《南方日报》上。

何突破历史上出现的"李约瑟之谜",探索大国复兴的路径,至关重要。改革开放以来,中国经济快速增长,经历了高速发展阶段,被称为"中国奇迹"。新常态,意味着中国经济由高速增长阶段步入中高速增长阶段。通过若干时期的持续的中高速增长,实现"中国梦",这将被称为"中国新奇迹"。因为世界经济发展史上,还没有出现过这样的大国案例。对大国经济而言,经历持续高速增长后,再经历持续的中高速增长,本身就是奇迹。在世界经济充满不确定性和经济下行压力增强的背景下,2015 年的"稳增长"任务,是要防止出现经济剧烈波动,为"中国新奇迹"创造良好的起点。显然,稳增长,是一项长远的历史任务,而非 2015 年的权宜之计。

稳增长,是一种结构调整的非均衡过程,需要顺应新工业革命的大势。稳增长,不是为增长而增长,而是一种扬弃,一种"破坏性创造"。有些部门产能过剩、技术落后,注定是要被淘汰出局的;技术先进的新兴产业,必将拓展自己的市场边界。如果说,过去三十多年的"中国奇迹",靠的是量,靠的是资本规模;未来时期,"中国新奇迹",靠的是质,靠的是知识规模。所以说,稳增长,一定会伴随着结构性调整,这是新工业革命的题中之义。这次中央经济工作会议指出,2015 年的第二项任务是积极发现、培育新增长点。这与稳增长的逻辑是一致的、相辅相成的。在新工业革命带来的经济社会范式转换过程中,实现持续的中高速增长与调结构,是"中国新奇迹"的关键组成部分。在此,传统的推进 GDP 增长的政策,将必然淡出舞台。稳增长,必然要追求结构调整的红利。随着个性化消费需求与小众市场的兴起,长尾经济的空间逐步拓展,智能化的订制经济模式将逐步兴起,范围经济将成为潮流。这种生产模式的变迁,是稳增长的必然组成部分。

稳增长,是企业家创新的自觉过程,意味着经济动力模式的变迁。本次会议再次强调，微观政策要活。活在何处，活在解放并激励企业家创新。创造"中国新奇迹"，维持中高速增长，需要由政府主导型增长转换为企业家主导型增长。市场千变万化，机会稍纵即逝，新工业革命背景下更是如此。企业家创新能力和市场敏感性，是稳增长的关键。政府的职能限于三张清单：权力清单、负面清单、责任清单。地方政府官员的主要职责在于管好社会，保障经济社会系统运行有序。企业家的职能在于创新，在于生产要素的新组合。我们期待出现更多的马云，期待出现中国的乔布斯。微观政策，在于激励企业家的"冲动"，使他们自觉创新。这意味着，稳增长的同时，经济增长的动力在逐步发生变迁，市场将逐步发挥决定性作用。

稳增长，是需要依赖实体经济的，需要实实在在、没有水分。宏观经济好，微观经济差，这样的经济现象是必须要避免的。与稳增长相配套的政策体系，尤其是宏观调控政策，一定要关注政策效应的传导机制，一定要关注传导过程的微观基础。否则，可能出现政策泡沫，这是短期有一利，长期有百害。近年来，中国经济的"去杠杆"过程，取得了较好的成效，利率市场化的进程快速推进，各类行为主体对利率变动的敏感度越来越强，这是市场相对成熟的标志。一个对利率敏感的经济体，是一个市场发挥作用越来越强的经济体。此时，政策利用市场机制进行间接调控更为重要，在这一过程中，微观行为主体的行为选择更为重要。所以，稳增长，靠微观。

总之，新常态背景下，通过稳增长，创造"中国新奇迹"，需要顺大势，顾长期，调结构，重创新，靠微观。展望未来，如果"中国新奇迹"成为事实，那么，中国将成为大国复兴案例的典型样本，其对世界发展的模式贡献，将是无可比拟的。我们相信，这一天终将到来。

12. 农村转移人口市民化是一种社会垂直流动机制[①]

2014 年 7 月 24 日，国务院印发《关于进一步推进户籍制度改革的意见》，并部署做好农民工服务工作、有序推进农村转移人口市民化。这是推进我国城乡一体化发展的关键政策，将会产生深远的影响。所谓深远影响，意指城乡二元结构是最大的国情，其他发达国家或地区没有碰到过这么错综复杂的问题，没有现成的经验和模式，没有现成的理论。正如习近平总书记所指出的，"在我们这样一个拥有十三亿多人口的发展中大国实现城镇化，在人类历史上没有先例"。

如何从二元结构转变为一元结构，是实现"中国梦"的核心环节。其中，人的"二元结构"转变为"一元结构"，至关重要。可见，农村转移人口市民化，是当前及未来较长时期内我国经济社会转型的关键问题之一。解决这一问题的关键前提在于认识清楚农村转移人口市民化的实质是什么。

一个经济社会是否具备活力，关键在于其资源是否具备可流动性。动，则充满活力；滞，则一潭死水。流动本身就是经济结构调整的过程。资源的流动，不仅包括物质流和资金流，更包括人口流动。更为重要的

[①] 本文发表于 2014 年 8 月 4 日的《南方日报》上。

是，人口流动是理性预期与理性选择的结果，是经济活动变化的最为直接的反映。

农村转移人口市民化，其背景是城乡发展鸿沟，其目标是城乡发展一体化，其过程是一种社会垂直流动机制。一个社会具备了阶层之间的垂直流动机制，社会底层就有了希望，就有了活力，就有了社会发展的纠错机制，就能够在一定程度上避免资源"错配"现象。

农村转移人口市民化，要真正成为一种社会垂直流动机制，需要使市民化后的人感到"有恒产者有恒心"。

改革开放以来，农村转移人口（俗称农民工）与城市的关系是"汹涌而来，澎湃而去"，这是一种"无恒产者无恒心"的状态。农民工作为城市建设者、产品制造者、服务提供者，却与城市文明处在一种隔离的状态，无法享受现代文明的发展成果。在此状态下，农民工的就业决策将因时因地而充满不确定性，谋生成为首要目标，发展成为奢谈，向上流动更是一个小概率事件。美国经济学家舒尔茨在其经典名著《改造传统农业》中指出，认为农民认识狭隘是误解，农民是理性的。春江水暖鸭先知，农民工会作出最有利于自己的选择。

怎样实现"有恒产者有恒心"，是农村转移人口市民化的关键。市民化是农村转移人口的当前福利与未来福利的动态调整过程。形成预期福利的最大化，是农村转移人口市民化的重要环节。

教育替代养儿防老。农村转移人口市民化，最重要的是融入现代教育体系。教育是社会垂直流动最为重要的途径，是代际传承的无形路径。古往今来，我们都知道，人力资本投资至关重要，无论对国家、地区，还是对个人。人力资本投资，是谋求跨代收益最大化的关键，是实现代际公平的关键。望子成龙，不是随波逐流，而是理性选择。如果下一代能够获得公平教育的机会，这将是一笔恒产，是一笔无形的恒产，是一笔充满希望的恒产，是"寒门出贵子"的可行路径。实现教育体系的广覆盖，是农村转移人口市民化的首要环节，是最大的惠民工程。

社会保障替代土地保障。农村转移人口市民化，社会保障需要逐步托底。所谓托底，是要形成稳定预期，生活会有所依；所谓逐步，是要根据政府财政能力和社保基金增收能力而行。更为重要的是，农村转移人口市民化，是随经济发展和产业结构调整顺势而为的结果，而不是简单的"土地换户口"。在农村，土地具有经济功能和保障功能。市民化后的人口，生活底线需要有所依，老人需要有所养。两种保障体系的转换与衔接，不能形成真空地带。

就业替代生活补助。工资，是一个人劳动能力的收益折现，是形成稳定预期最重要的保障。市民化后的人口如何就业，至关重要。如果只是依靠低收入生活补助，难以形成稳定预期。除了当地的产业吸纳力之外，一个重要的途径是鼓励具有企业家精神的农民工在打工所在地创业，此时政府提供的机会是否均等很重要。就业和公共服务是互动的，就业与福利并存。根据国内外发展经验，农民工可能经历几个阶段：低工资，无福利；低工资，少福利；低工资，高福利；高工资，高福利。现在"低工资，少福利"的局面正在改善，逐步向"低工资，高福利"阶段甚至"高工资，高福利"阶段迈进。

资源流动替代停滞。农村转移人口市民化，不是拉大城乡鸿沟，而是实现城乡融合，这需要依靠资源的自由流动。资源流动的过程，就是收入来源多元化的过程。市民化后的人口，其部分物质财产可能还在乡村。这部分财产，能否通过出租、入股、担保、抵押等渠道实现流动，实现财产权收益，至关重要。一方面，这部分资源流动，对农村经济实现规模发展至关重要；另一方面，可以实现农村资本市场与城市资本市场的连接。资本是跨越时空的，是不分城乡的，资本只看有利或无利。资本流动就是城乡融合过程，也是实现收入多元化的过程。

总之，"有恒产者有恒心"，核心是生存权利与发展权利，是一种积极向上的正能量，是农村转移人口市民化可持续的基础。

13. 分"蛋糕"的目的在于做大"蛋糕"①

　　社会各界盼望已久的收入分配体制改革方案即将出台，民众心中充满着期待。具体方案尚不得而知，但方案的若干问题需要厘清，否则民众心中将充满失望。

　　方案的目的应该有两个：一是通过合理合法的分配机制，缩小收入差距，实现共同富裕；二是通过收入分配体制改革，理顺经济主体之间的利益关系，进一步做大"蛋糕"，实现由经济大国向经济强国迈进。这两个目的是相互影响的，更为重要的是，目前我们的国情决定了分"蛋糕"的目的应该重在做大"蛋糕"。

　　虽然中国 GDP 已经居于世界第二位，但总量尚不到美国的一半，人均 GDP 世界排名在九十多位。我们还不是经济强国，还不是发达国家，我们处在并将长期处在社会主义初级阶段，我们的市场体系还远未成熟。经济发展依然是未来的重中之重，我们依然需要"在发展中解决前进中的问题"。在此前提下，收入分配体制改革需要宏观发展大视野，不能囿于局部特定问题，就分配谈分配。

　　缩小收入差距，不是劫富济贫，而是社会各阶层收入都要有所提高，

━━━━━━━━━━━━━━━

　　①　本文发表于 2012 年 10 月 15 日的《南方日报》上。

实现国民收入倍增。这一收入倍增的基础与实现载体是产业，收入的根本来源是要素的产业贡献，收入的提高应该源于生产率的提高。同样种马铃薯，为什么加拿大农民的收入是印度农民的数十倍？因为前者的生产率是后者的数十倍。理顺收入分配关系，实现收入倍增的核心在于产业结构高级化。如果产业升级，逐步淘汰低附加值产业，高附加值产业蓬勃发展，收入倍增将是必然的结果。

大国的崛起，必然是公司的崛起；公司的崛起，必然是企业家阶层与企业家精神的崛起。美国著名经济学家熊彼特早就洞察了经济发展的核心：创新源于企业家精神。收入分配体制改革，不能伤害企业家阶层。和谐发展的社会应该是：让富人合法地更加富裕，让富人带领穷人致富。精英移民带走的不仅是巨额资本，更是价值无法估量的人力资本。收入分配体制改革，一定要形成稳定的制度预期"有恒产者有恒心"。如今，社会各界普遍弥漫着一种"打土豪，分田地"的思绪，更存在着部分地方政府利用公共司法权力伤害民营企业家的情况。这种"打土豪，分田地""打土豪，归政府"的局面必须杜绝。

收入分配体制改革，实现共同富裕，需要培育中等收入者。发达国家的实践表明，一个中等收入者占主导的社会，将是一个相对稳定的社会。从经济学逻辑讲，中等收入者占主导，易于标准化批量生产，实现规模经济。问题的关键在于，谁能成为中等收入者，谁应该成为中等收入者？做大"蛋糕"的基础在于产业发展，产业发展的基础在于产业工人，产业工人应该成为中等收入者。收入分配体制改革，应该形成一种社会激励：年轻人自觉地把智力资源与时间资源投入到产业发展中去。但前提是年轻产业工人的收入应处于中上收入水平，能够起到引领效应和示范效应。收入分配体制改革，一定要改变"学而优则仕""一人得道，鸡犬升天"的社会激励结构，把年轻人从公务员考试大军中重新拉回到产业发展中去。如果一个社会所有的大学毕业生都去考公务员，都想进入公务员阶层，那么这个社会经济发展将面临巨大的问题，也将病入膏肓，因为公务员成了"社会脂肪"。

收入分配体制改革，仅仅依靠政府的经济手段、行政手段、法律手段，是难以完成的。政府的作用是使社会保障的底线均等。缩小差距，共同富裕，还是需要依靠市场，让社会各阶层通过市场致富。改革的重点之一应该是形成多元化的收入来源体系。目前面临的关键问题是，劳动收入水平低，资本收入途径少。随着"用工荒"逐渐成为社会常态，加薪潮的出现成为市场主动选择的结果，劳动收入呈现一定的增长态势。但资本收入成为居民收入的短板，而且呈现出一种"强者愈强，弱者愈弱"的"马太效应"，产生这样的结果的关键在于绝大多数居民的股权收益少甚至缺失。收入分配体制改革，应该形成一种"法不禁止即自由"的理念，产权改革向民众深度开放，允许民间资本进入更多的领域。这样还能在一定程度上缓解千军万马涌向股市或楼市形成泡沫经济的局面。同时，不能因全球金融危机而延缓金融领域的改革，丰富完善的金融体系将是居民提高资本收入水平的基础。

历史上的政府都是穷政府。中国经济的高速发展，造就了一个古今中外罕见的奇迹：政府成为富政府。富政府并不可怕，可怕的是政府资源的生产性配置并不是市场决定的，这样易于扭曲收入分配格局，扭曲资源配置。政府的每一项政策都是利益调整的分配书，政府的职能应该是基本公共服务均等化，实现底线保障均等。政府减税、让利，应该是收入分配体制改革的一个重要环节。

总之，收入分配体制改革，是一项系统工程，但其主线一定要明晰，通过分"蛋糕"而做大"蛋糕"，才是正途。

14. 移民潮与"中国梦"的微观基础①

2014 年 2 月 11 日，加拿大联邦政府表示将终结投资移民政策，已积压的 6.6 万个联邦投资移民申请将被"一刀切"拒之门外。其中，5.7 万个申请人来自中国。这条消息刚一出现，立刻引起热议。为什么如此多的移民申请者来自中国？

中国有 1 086 万私人企业主和 3 000 多万个体工商户，接近 5 000 万人的庞大的有产阶级团队。这个团队应该是经济社会的活力之源，是企业家精神的摇篮，是经济社会发展的人力资本和产业资本的载体。在改革与转型的关键时刻，如果他们是一群沉默的人，如果他们是选择用脚投票的一群人，那将是一个惊人而不可思议的现象。

世界经济发展的历史告诉我们，大国的崛起，必然是公司的崛起；公司的崛起，必然是企业家精神的崛起。可以说，企业家是经济社会发展的微观基础之一。"中国梦"的实现，需要企业家创新精神的支撑。

当然，移民是自由社会的自由选择，我们应该尊重每一个人的合法选择。移民并不可怕，在全球化的时代，我们可以全球融智，利用一切可以利用的人力资本。企业家移民的目标函数里，应该包含方方面面的东西，

---

① 本文应《广东地方税务》之邀而作。

但最核心的应该是"有恒产者有恒心，无恒产者无恒心"。

新世纪以来，伴随着国进民退，民营经济生存与发展的环境有些严峻。更严峻的是，企业家面临着司法风险。哲人云：没有法律风险的财富，才是真正的财富。如果因为惧怕财产权的不确定性而移民，这种恐惧心理，将会吞噬"中国梦"的微观基础。

如何做到"有恒产者有恒心"，这关乎到"中国梦"的实现。

十八届三中全会、四中全会，是我国改革开放史上两个关键性事件。十八届三中全会确定了市场的决定性作用；十八届四中全会为市场决定性作用确定了运行规则，为市场经济运行秩序进行了顶层设计。这意味着，法治与市场，将主导中华民族伟大复兴的进程。

十八届三中全会指出，"公有制经济和非公有制经济都是社会主义市场经济的重要组成部分，都是我国经济社会发展的重要基础"。非公有制经济是"重要基础"，就是肯定民营经济的地位。十八届三中全会指出，"必须毫不动摇鼓励、支持、引导非公有制经济发展，激发非公有制经济活力和创造力"。这就是要留住民营经济，发展民营经济。

市场的要义是自由选择。法律不是限制自由，而是为了维护和扩大自由，个体自由的基础是产权。十八届四中全会提出，"健全以公平为核心原则的产权保护制度，加强对各种所有制经济组织和自然人财产权的保护，清理有违公平的法律法规条款"。这是要留住民营企业家，稳定民营企业家的预期，做到"有恒产者有恒心"。

全球化时代，人的流动更加便利。如果有一天，世界人民争着往中国移民，那么，"中国梦"就已经实现了，"中国梦"就成了"世界梦"。

这一天，终将会到来！

15. 精准扶贫在于引导生产性努力[①]

供给侧结构性改革的关键环节之一是补短板，补短板的关键环节之一是精准扶贫。精准扶贫的关键环节又是什么呢？扶贫作为一项经济活动，其成本和收益是什么？也就是说，我们为什么要扶贫？我们要为扶贫花费什么，为扶贫做什么？

我们扶贫的目的在于使贫困人口不再贫困，使贫困人口彻底摆脱贫困。扶贫的终极目的在于未来时期不再扶贫，因为社会那时已经不需要扶贫了。这一目标函数，我相信是世界上每一个人的共同追求。经济学逻辑讲求的是，在收益既定的情况下，要追求成本最小化。精准扶贫，在一定意义上讲，就是要用最少的扶贫资源，发挥资源配置效率，实现社会无须扶贫的目标。

这一目标是否实现，在于我们为扶贫做了什么。扶贫的结果，如果是越扶越多、越扶越贫，或者一旦不扶就很快返贫，那一定是我们做错了什么。有些地方为获得国家级贫困县称号而锣鼓喧天，扶贫单位到被扶贫村庄举办钱物赠予仪式而鞭炮齐鸣。热闹过后，钱花了，物用了，羊吃了……天还是那样的天，地还是那样的地，人还是那样的人，于是又期盼

---

① 本文应《广东地方税务》之邀而作。

下一次的锣鼓喧天和鞭炮齐鸣。要记住一点，人都是理性的，都是对激励有反应的。扶贫的激励效果，如果是这样一个局面，反而可能使扶贫对象出现路径依赖式的心理偏差。这表明，我们的扶贫是不符合经济逻辑的，扶贫的游戏规则是没有效率的。

问题出在何处？我们对扶贫的认识出现了偏差。目前部分的扶贫措施，激励了分配性努力。如果一个社会的成员，老想着分"蛋糕"，那么这个社会一定会出问题。一个充满活力的社会，其社会成员应该是积极地做"蛋糕"，一个社会应激励生产性努力。贫困的终极原因在于能力提升机会的缺少，舒尔茨在《改造传统农业》一书中早就指出，提升人力资本是最重要的。生产性能力的提升，是脱贫的微观基础。如何引导贫困者的生产性努力？如何提升其学习能力？如何提升其生产要素的创新组合能力？一定要有示范者和引领者。

企业家下乡，是一条必由之路。企业家下乡，带来的不仅是资本，更重要的是知识，最为重要的是示范效应，一种激励生产性努力的效应。企业家下乡，需要有市场激励。资本与现代农业、农村经济的结合，一定是一个工业化过程和市场机会发现过程，一定要追求规模经济。这必然要求生产要素是可以流转的，是可以交易的，这必须要有土地的使用权交易市场。精准扶贫，在一定意义上讲，不一定需要企业家捐钱捐物，但一定需要企业家花费时间和精力去思考、发现和创造，而时间和精力对企业家而言是稀缺的。

企业家下乡，在于激发农民企业家的内生土壤。目前许多地区出现了"淘宝村"，"淘宝村"是互联网时代实现跨越式城乡融合的具体表现。几乎每一个"淘宝村"的出现，都与该村若干个具有创新创业精神的企业家有关，这是一个自觉的先富带动后富的良性循环。这一切的背后，都是生产性努力和生产性能力的提升。

　　精准扶贫，"精"在引导生产性努力；"准"在通过企业家示范效应提升生产性能力。有了努力，有了能力，有了收入，有了财富，就没了贫困。让经济学的理性之光，引导生产性努力的双手，去关闭贫困之门，打开财富之门吧！

16. "国进民退"：需要厘清表象与趋势①

在应对国际金融海啸冲击和国内经济周期性调整背景下，中央政府果断出台"4万亿投资计划"和"十大产业振兴规划"等一揽子经济刺激政策，以求通过总量扩张实现经济复苏与通过结构调整提高经济质量。目前，政策效应初步显现，经济复苏迹象明显，但其间的一些现象引起了争论：经济复苏过度依赖投资，投资过度依赖政府投资，政府投资重在国企；国企大项目、"央企地王"、地方企业重组与行业整合，诸多事件不断进入人们视野。一时间，"国进民退"成为各界议论的话题。这是暂时的表象，还是未来的趋势，需要我们理性考察。

"国进民退"只是一种表象，源于危急时刻多重力量的综合作用。一是弥补市场失灵的制度惯性。金融海啸冲击传导到实体经济层面，导致我国通过出口消化国内过剩产能的局面难以为继，这是市场未能及时纠错所积累的矛盾的凸显，是一种市场失灵的表现。此时，按照历史经验和制度惯性，走出危机需要依靠政府这只"有形的手"，需要依靠以政府为主导的基础设施、重点产业等方面的固定资产投资发挥作用。

二是存在多重约束的民资缺位。危急时刻，需要全民总动员。但在我

① 本文发表于2009年11月4日的《南方日报》上。

国，民资的成长是一个渐进的过程。虽然改革开放以来民资经历了三十多年的快速发展，但从"摸着石头过河"时期的民企发展成为市场经济意义下的民企，成为推动经济发展的可持续力量还有很长的路要走。金融海啸对民企的冲击甚于国企，在此背景下，更多的民企在于求生，而难以救急。

三是项目储备不足的应急替代。由于中央政府经济政策的快速转型，争取中央政府投资成为各级地方政府的目标，导致原本用于民资的较为成熟的项目，可能被拿来应急以谋求中央政府投资；一些"拼盘"投资项目也可能应时而生，表现为政府主导下的企业重组与行业整合。另有一些大项目的增量投资申请亦顺势获得批准。由于要与中央政府投资配套，部分地方政府呈现融资狂欢，各类融资平台与融资工具亦精彩纷呈。

以上现象导致了"国进民退"的表象，其实质是金融危机冲击下"国资"对"民资"的暂时替代。与这种替代相伴随的是，财政资金以及与之关联的信贷资金大量流向大型国企，由于产能过剩、多元化投资选择难以及时确定等原因，一部分资金直接或间接流向楼市，导致了若干"央企地王"的出现，推动了主要中心城市的房价快速上涨。这便是"国进民退"暂时替代行为的货币表现。

"国进民退"的争议，归根到底，是政府与市场关系的争议。历史经验和国际实践表明，让政府这只"有形的手"与市场这只"无形的手"进行有效握手，才能实现经济社会的良性运行。这一握手的实质，是政府与市场的互补，是经济社会发展的本源力量。

我国经济社会转型与体制转轨，需要政府增进市场。三十多年的发展历程，渐进式改革目标的逐步实现，也是政府增进市场的过程。就长期而言，这种趋势是不可逆转的。这是政府与市场实现互补的本源力量的体现。

在危机时刻形成的"国进民退"的暂时替代行为，在本源力量的作用下，必将实现转换。这是在未来时期我国经济发展面临的关键问题：如何把带动经济增长的主导力量，从政府主导的需求，平稳过渡到市场主导的需求。这一转换，如能顺利推进，经济将会持续复苏；否则可能会出现"二次探底"。这一转换，需要政府进一步增进市场。

基本公共服务覆盖民企。通过医疗、卫生、教育、文化、社会保障等政府提供的基本公共服务的广覆盖，使民企的员工福利成本压力得以缓解，有利于民企的成长，有利于民企的资产组合和退出重组。

民资进入领域需进一步拓展。完善产业进入与退出机制，引导产业增量调整，将民资引入原来审批门槛高与准入门槛高但依然有巨大增长空间的行业。建立与完善多层次金融服务体系，有利于激活民间投资。

国企与民企需进一步融合。从产业链的角度看，国企与民企可以分工协作，实现大、中、小企业协作并存的共生局面。从产权角度看，二者可以打破壁垒，相互融合，有利于优化治理结构。当然，所有这一切，需要政府的推动，亦是市场增进的体现。

警惕与化解产能过剩。在当前背景下，产能过剩既是市场失灵的体现，也是部分地方政府投资冲动的结果，这需要市场与政府"两只手"共同努力。以市场化的方式，主要依据市场供求关系，结合市场结构的变化，调控新增产能，压缩低端产能。政府需要逐步调整短期政绩偏好，从长期持续发展的角度规划调整产业布局。同时，这种调整，一定要在可竞争范围内，不能形成新的行政性垄断。

让我们期待，市场与政府紧握手，民企与国企共发展。

第六篇 粤地之生

　　广东要努力成为发展中国特色社会主义的排头兵、深化改革开放的先行地、探索科学发展的试验区，为率先全面建成小康社会、率先基本实现社会主义现代化而奋斗。

——习近平 2012 年

1. 复兴伟业需要显示度①

作为发展中大国，中国正在进行一项伟大的事业——努力实现中华民族的伟大复兴。这也许是人类历史上由盛而衰，再由衰至盛的为数不多的，甚至可能是迄今唯一的大国案例。这一伟业的推进，需要全方位、多层次的协调与互动，不断调整，不断磨合，不断改进，不断完善，需要在错综复杂的利益图景中寻找实现远景的可能路径。这既需要单方突破，也需要协同共进。起点就是直面现实，现实的多样性构成伟业进程的约束条件。

工业革命以来，世界制造中心（世界工厂）几经变迁：英国→美国→日本→中国。经济史表明，在长达1 500多年的时间内，中国曾一直在商品产出方面领先世界，直到19世纪50年代才被英国超越。当时英国的推动力主要是工业革命。美国在19世纪90年代末期超过英国，成为全球最大的制造强国。"二战"以后，日本"贸易立国"，逐渐成为世界制造中心。

每一次世界制造中心的变迁，必然有一个强国的出现，世界工厂以其强大的生产影响力和市场影响力推动着该经济体的快速成长。即使在生产要素成本上升而发生产业转移之后，该经济体的世界影响力依然存在，表现之一就是价格话语权，即世界工厂升级为世界市场价格中心，"生产权"

---

① 本文发表于2010年10月6日的《羊城晚报》上。

上升为"价格话语权"。

　　价格话语权，是发达国家在经济全球化进程中谋求竞争优势的重要平台。以期货交易中心为载体的大宗商品和资产定价中心奠定了国际市场格局，发达国家一些重要的期货交易中心已经成为国际定价中心，其期货价格深刻影响着国际现货贸易。期货价格普遍成为市场基准价格，一些影响力较大的期货交易所行情是国内外现货市场的指标。美国芝加哥商业交易所集团是目前世界最大的期货交易所，它的农产品期货价格成为全球农产品国际贸易指导价格；纽约商业交易所的原油期货在国际市场影响深远；加拿大温尼伯商品交易所的油脂类期货交易、英国伦敦金属交易所的金属交易等都是国际贸易参照价。同时，这些期货市场制定的交易标准成为商品国际生产、交易标准。正是这样，发达国家在大力发展实体经济的同时，着力通过期货市场的发展取得大宗商品的国际定价权，从而提高本国经济的国际竞争力。

　　但中国实现复兴的约束条件又有所不同。改革开放三十多年来，我国经济高速增长，已成为世界第三大经济体，已形成较完整的制造业体系，具有了强大的生产能力。我们拥有了强大的"生产权"。

　　1990 年中国排在十大制造业国家的第 9 位，2002 年上升到第 4 位，2006 年跃居第 3 位。中国制造业增加值占全球制造业的份额，1990 年是 2.2%，2002 年是 6.6%，2006 年是 10.1%，2007 年是 11.4%。在 22 个工业大类中，中国有 7 个占世界比重最高，有 15 个名列前三。美国著名经济咨询机构环球通视有限公司公布的一份数据对比报告显示：2009 年美国在全球制造业产出份额中仍保持首位，为 19.9%，中国占到 18.6%。美国很可能在 2011 年失去这个头号地位，取而代之的将是中国。美国在制造业产值方面连续 110 年雄居全球首位的历史，很可能就此终结。

但中国强大的生产力与需求力量并没有上升为价格话语权，与"制造业大国"地位不相符合的是，在国际大宗商品价格的定价中"中国声音"相对较弱，中国商品往往成为"低价"的代名词。中国企业在参与国际市场竞争中，却常常出现"主导供给或主导需求，却不拥有话语权"的尴尬场面。比如，《世界金属统计》显示，我国铜消费量占世界总量的比例从1990年的7%上升至2008年的28%；我国年进口铁矿石量从1979年的738万吨，迅速增长到目前的4亿多吨；我国是全球最大的铝消费国，占全球消费量的1/3。我国对石油、有色金属等大宗商品的消费量快速增加。中国是世界上最大的铁矿石进口国，但中国企业却缺少铁矿石定价的话语权，结果在价格谈判中常常处于被动境地。中国稀土储量位居世界第一，如今世界每年消耗的稀土资源中至少有80%是由中国供应，但我国出口却长期只卖个"土价钱"。国际商家一边在渲染"中国需求"的"可怕"，一边在与中国的交易中大把"吸金"。

在中华民族伟大复兴的过程中，中国具有强大生产力和价格话语权，是中国由"经济大国"变为"经济强国"的重要环节。在国际市场上，结合"中国因素"，发出"中国声音"，变"中国因素"为"中国价格"进而变成"世界价格"，使世界制造中心具有价格话语权。一个可行的路径就是定期发布权威信息，引导生产、加工和消费，使市场能够正确反映"中国因素"，形成"中国价格"，进而成为"世界价格"。

世界制造中心在中国，中国制造中心在广东。广东先行先试，提出打造广东价格话语权。其途径之一是构建价格指数体系，对指数进行研究分析，通过分析发现市场运行的特征，对未来的价格走势和市场交易量进行预测，然后利用信息发布系统向社会发布价格与市场交易信息，传递市场信号。

　　广东价格指数平台成为提升广东价格话语权的核心环节。广东价格指数平台，作为国内的首创，目的在于通过形成"广东价格"，逐步影响"中国价格"，在"世界价格"形成中发出"中国声音"。

　　广东价格指数平台，是一个科学的起点，在中华民族复兴史上也许只是一朵小浪花，却有着深远而重要的意义。

2. 引领与示范："两个百年目标"中的广东再定位①

在我国"两个百年目标"推进过程中，过去、现在和未来时期广东处于什么样的地位并如何进行定位，值得我们深入思考、谋划远景并进行科学推进。

三十多年来，广东是"两个百年目标"的科学探索者，并在经济社会变迁中成为实践的引领者，成为改革开放的示范者。在建立和完善社会主义市场经济体制的进程中，广东的贡献不仅具有中国模式的探索意义，更具有经济社会转型发展的全球示范意义。部分国家和地区正在效仿由广东引领的改革开放的中国模式，彰显了广东贡献的影响力。对于"一带一路"沿线经济即将起飞的国家和地区，广东三十多年的历程依然有借鉴和启示意义。

党的十八大以来，"两个百年目标"宏图激励着每一个微观个体、组织和地区。但在发展的征程中，我们必然面临瓶颈制约：能否跨越中等收入陷阱？对广东而言，比全国其他地区更早面临这一历史性难题。如果能够冲破艰难险阻，披荆斩棘，顺利跨越中等收入陷阱，那么，广东将又一次起到引领和示范作用。这是一种历史赋予的使命，也是广东责无旁贷的使命。

①　本文发表于 2015 年 12 月 14 日的《南方日报》上。

在新的历史起点上，在经济新常态背景下，在全球经济社会格局大转型的趋势下，广东向何处去？世界需要广东的回答，中国需要广东的回答，广东自己更需要回答。

中共广东省委十一届五次全会提出"确保实现率先全面建成小康社会"的宏伟目标，在一定意义上可以说是，确保率先跨越中等收入陷阱。为此提出"保持经济中高速，推动发展水平中高端"。双"中高"，实际上是广东自己给出了回答，广东责无旁贷，需要再次引领和示范，不仅是说给我们自己听，更是做给世界看。双"中高"，是广东基于动态比较优势和竞争优势的再出发。

一是产业空间。近年来，我国居民出国（境）购物规模屡创新高，让世界为之惊叹。其实质是我国制造业发展水平已经滞后于国民消费需求快速升级的步伐。其关键是我国装备制造业，尤其是工业的"母机"机床产业，发展落后，不能大规模生产高精尖的消费品。广东作为世界制造中心的关键组成部分，需要从生产消费品为主，转向生产消费品与生产资本品并重为主。高端装备制造业（尤其是高端机床业），是广东产业发展的关键方向。这一空间巨大，装备制造业可以统领整个产业生态系统的发展。未来我们要实现，消费品出口稳步增长，高端设备出口快速增加。尤其是在"一带一路"战略背景下，结合"互联网＋"，资本品产业空间更加巨大了。这意味着，广东在全球生产权的竞争，要以装备业为核心。在这一方面，向德国学习非常必要。我们需要强大的工程科学和工程人才，需要工匠精神的普及和提升，需要产业工人成为中等收入者。

二是区域空间。广东省内经济社会发展的地区差距，在一定程度上，高于全国东部、中部、西部地区的发展差距。这既是广东的劣势，更是广东的优势，因为这天然决定了广东的梯次发展。区域协调发展（而不是趋同发展），意味着广东省内各地区间要进行产业链连接，市场一体化和产业一体化同步推进。中心城市、珠三角城市的研发、企业孵化，需要广阔的区域空间来承接。发挥市场的决定性作用，充分发挥"互联网＋"时代去中心化的趋势，引导企业孵化器的后续链条突破行政边界走出去，这是政府的关键着力点之一。未来时期，广东的部分战略平台（如产业园、科技园、开发区），要走到省外甚至国外去，设立新的园区，要进一步拓展空间。

三是开放空间。过去三十多年，广东发展主要得益于产品收益，靠产品行销天下。未来时期，广东要谋求资本收益，资本要走出去，走出国境，几乎所有发达的经济体都要经历这一路程。美国靠的是资本顺差弥补贸易逆差；日本实现了从贸易立国到资本走出去的历程。广东经过三十多年的快速持续发展，积累了雄厚的经济实力和资本力量，恰逢"一带一路"战略推进如火如荼之际，广东资本走出去谋求资本收益恰逢其时，这是巨大的开放空间的转换。更为重要的是，我们要构建资本走出去的支持系统：产业定位、项目选择、市场信息、涉外法律、风险评估、税收支持等。这需要政府和市场握手，需要部门间的合作协调。

四是生态空间。生态问题，到底是经济社会发展的约束，还是一片商机，关乎发展理念的认识和选择。目前，发达国家以解决生态问题为商机，生产销售生态产品和设备，这意味着生态贸易化和生态资本化进而发展生态化产业，正在成为发达国家发展新动力，这是发展理念的重大转型。广东要抓住这一趋势和契机，切实推进生态贸易化和生态资本化，这不仅仅体现为从工业设计、原料等源头以及全产业链上每个环节考虑生产生态产品，更要生产"生产生态产品"的设备，进而构建丰富完善的生态化产业体系。抓住这一趋势，才能不被发达经济体又一次大幅度超越，才能形成新的可持续的经济增长点。

"两个百年目标"推进过程中，广东的再定位、再出发，需要激情和理性，需要脚踏实地的实干精神，更需要风险意识，要允许市场试错和出错，要允许失败。我们要防范系统性风险，但我们不能踟蹰不前。广东在做，世界在看，携手一起努力吧！

3. 创新驱动：寻求后发地区的比较优势①

粤东、西、北地区振兴发展战略，是一种后发优势战略，核心在于寻求后发地区的比较优势。任何一个经济体的崛起，都是公司的崛起；公司的崛起，必然是企业家精神的崛起；企业家精神的崛起，必然表现为创新的层出不穷。创新的过程，就是发现并创造比较优势的过程。一个经济体，如果能持续具备动态比较优势，其发展就具有了可持续的动力。

创新驱动粤东、西、北地区振兴发展，要充分释放企业家的敏锐意识和敏锐行动，发挥市场这只"无形的手"的决定性作用，由企业家来发现并创造比较优势。同时，需要政府这只"有形的手"来为创新驱动构建支持系统。对于后发地区而言，这一支持系统不可或缺。

要推进城市中央商务区（CBD）建设，形成创新的空间组织。CBD作为商业集聚之地、资金集聚之地、知识集聚之地、创意集聚之地，体现一个城市的精华和活力，其核心是集群式智力资本与各类产业的良性互动。作为城市的名片，CBD集中了金融、贸易、文化、信息及商务办公、酒店、公寓、会展等配套设施，并提供完善的市政通信、网络化的地铁公交系统等便捷的设施。粤东、西、北地区每一个城市的发展，需要有自己的CBD，

---

① 本文发表于 2015 年 7 月 20 日的《南方日报》上。

具有 CBD 发展的空间规划和具体建设方案，并把 CBD 建设成为创新的策源之地，成为动态比较优势的策源之地。CBD 建设具体包括：复合化的核心商务区建设、多元化的文化活动组合建设、高质量的娱乐体验品质提升、集聚化的公共活动设施建设、高档次的服务设施体系建设、中心化的交通系统建设、国际化的创意环境建设。CBD 使创意成为核心要素，使知识集聚形成比较优势，进而转化为城市竞争优势。

充分释放社会资本活力，创新实践 PPP 模式。金融全球化时代，资金并不稀缺，或者说，资金将会变得越来越便宜。但问题的关键是，如何有效地组织资金和配置资金，使资本替代劳动成为新的比较优势，避免比较优势真空。从政策机遇看，国家财政部推行的政府与社会合作的 PPP 模式或将成为粤东、西、北地区发展的一次重要机遇和尝试。PPP（Public Private Partnership）模式，是公共基础设施中的一种项目融资模式，其鼓励私营企业、民营资本与政府进行合作，参与公共基础设施的建设。粤东、西、北地区经济发展，投资拉动是一个必然的阶段。如何释放投资的活力，PPP 模式可以进行无限的创新。每一个城市都需要有基础设施投资项目规划和公共服务投资项目规划，为 PPP 模式提供一个项目篮子，供不同的投资者进行选择，进而洽谈具体的合作方式。与 PPP 模式相关的公司，要按照上市公司的标准进行运作，并培育其成为上市公司的后备军甚至是生力军。为此，每一个城市都需要规划金融业的发展，并着手进行投融资体制改革以及与之相关的土地制度等方面的改革。

顺应新工业革命，创新发展现代农业，使其具有比较优势和竞争优势。粤东、西、北地区，处于工业化起飞阶段或工业化中期阶段，往往出现一种"去农化"现象。在新工业革命时代，这是一种认识误区。从供给角度看，现代农业是利用工业化的思维方式和具体手段进行全产业链与全流程生产和监管的，可以进行智能化种植，使其既具有规模经济效应，又具有范围经济效应，其实质是工厂化种植。从需求角度看，利用互联网微信平台，可以进行无边界的市场销售。农业是一个永恒的产业，发展模式转型即是探求新的比较优势的过程。对于粤东、西、北地区而言，"互联网＋工厂＋农业"是一次发展机遇，更是一种模式转型。由于农民土地承包权可以流转，这为农业规模经济提供了可行性，也为农民增加了财产性收入。

发挥相邻区域合力，以产业链连接促进区域创新网络建设。振兴粤东、西、北地区，不可单打独斗，一定要相互间形成合力，并与珠三角地区及其他地区形成合力。相邻区域间需要进行产业链连接的顶层设计。从产业存量方面，绘制各区域支柱产业代表性企业产业链分布图；绘制产业链连接路线图，设计具体方案；举行区域间支柱产业代表性企业洽谈会，发挥企业主体作用，发挥市场决定性作用；设计各地区产业链连接的政策支持系统，包含税收协调问题。从产业增量方面，协调制订区域间产业发展规划；探索地区间联合靶向招商，按产业链原则集群式引进核心企业和配套企业；组建跨区域综合性贸易服务公司，服务全产业链，构建"制造＋服务"产业协同发展模式。

千方百计降低产业成本，吸引创新因素的集聚。粤东、西、北地区，目前很难形成政策优惠洼地从而吸引要素集聚，如何通过降低成本吸引要素集聚至关重要。根据调研，部分企业提供了员工公寓楼和食堂，但其水电费未按居民水价、居民电价计算，导致其成本增加，更抑制了企业为员工提供生活福利的积极性。对于企业而言，生产过程消费的水电应按工商价格计算，生活过程消费的水电应按居民价格计算。按照用途分类计价，对企业而言，尤其是对提供较好生活条件的企业而言，较为公平。要实施减费工程，"费"具有自由裁量权，企业更怕"费"，必须税费分流归位，遏制不合理"费"的增长。例如，防洪是政府应提供的公共服务，是一项公共物品，具有消费的非排他性和非竞争性。但现实中部分地区防洪堤围费按照企业产值（或销售额）征收，企业生产越多，销售越多，交纳的费用就越多，这是一种不公平的成本负担。这些问题亟待解决。

4. "双中心"是广东发展的可持续动力①

寻求经济发展的可持续动力,是广东乃至中国面临的核心问题。经过三十多年的快速发展,广东为世界贡献了一个生产中心,同时也成为中间产品的需求中心。未来时期,广东不仅要稳固世界生产中心的地位,还要力争成为消费中心。生产中心,是相对于境外、相对于外需的,生产的主要是必需品;消费中心,是相对于境内、相对于内需的,提供的不仅仅是必需品。"双中心"并重发展,将构成广东经济发展的可持续动力。

消费是经济发展的最终动力。通过消费需求的乘数效应,拉动经济增长,可以实现经济的转型升级与可持续发展。历史表明,发达国家在特定历史阶段的"消费革命",通过特定产品(如缝纫机、电视、汽车)消费的规模效应,推动了经济的快速发展。

广东要成为消费中心,首先面临的问题是,如何把潜在消费需求转化为现实消费需求,即如何把潜在的货币购买力转化为现实的货币购买力。目前我国广义货币供应量已经超过 100 万亿元,这意味着巨大的消费潜力,涉及消费能力、消费意愿与消费条件。最为核心的是要厘清居民消费行为模式及其变迁,进而把握培育消费中心的着力点,实现生产中心与消费中心的良性互动。

---

① 本文发表于 2013 年 5 月 16 日的《南方日报》上。

我们现在面临消费行为模式的多样性。高收入群体，需要的是彰显并提升消费品位的奢侈品或引领必需品升级的消费品，需要的是如何启动消费意愿。对高收入群体来说不存在货币约束，对消费金融的需求并不强烈。

中等收入群体，是按照生命周期优化配置消费资源，需要的是必需品和必需品的不断升级，大额商品支出需要消费金融把一次性支出分摊到未来时期。

低收入群体，当期收入水平决定了其当期消费水平，需要的是生活必需品，对消费金融的需求并不强烈。但随着收入能力的提升，这一群体将对消费金融产生需求，按照生命周期配置消费资源。

独生子女群体，呈现出"月光族"的消费模式，即当期收入水平决定了其当期消费水平。但与低收入群体不同，独生子女群体需要的是奢侈品或引领必需品升级的消费品，对消费金融的需求比较强烈。这一群体，未来时期消费模式将转变为按照生命周期配置消费资源。

综合以上分析，广东培育消费中心的两个着力点是按生命周期配置资源的消费行为模式和消费金融。生命周期配置资源的消费行为模式背后是现实与潜在的中等收入群体，意味着生产中心要提供必需品和不断升级的必需品。尤其重要的是，广东需要组织力量，研究我国各地区居民消费行为模式变迁与中等收入群体分布情况，为生产中心的发展拓展空间，这是广东利用内需的关键点。

消费金融意味着缓解中等收入群体的货币约束。与发达国家相比，我国的消费金融才刚刚起步，消费金融产品和工具相对较少，具有巨大的发展空间。广东可引导金融企业开发消费金融产品，通过消费金融工具创新，释放消费潜力。同时，由于金融企业提供的消费金融容易受到宏观调控政策的约束，发展消费金融的一个关键点是企业消费金融。生产中心，能不能同时成为消费金融中心，这是广东企业转型、拓展内需的一个关键。资金富裕的企业，往往进行的是类似"高利贷"式的生产性金融和投机型金融，风险较高。结合自身的产品营销而发展消费金融，能够有效实现产业资本与金融资本的融合。

广东要成为消费中心，另一个关键问题是市场一体化，使生产与消费尽快相遇。这需要重点发展两个投资领域，通过投资改善消费条件。一是智能化的信息网络。电子商务已经从根本上改变了商业模式和商业业态。广东需要建设信息网络基础设施，这是商业模式创新的基础。"三网融合"只是一个起点，利用云计算技术，把一切市场信息放在云端，形成"边开发，边消费，边反馈，边创新"的消费与生产的互动，是未来消费最需要的基础设施。

二是交通基础设施。历史表明，美国的铁路网建设，实现了国内市场一体化；美国的航空网建设，提升了国内市场一体化；"二战"后美国重建欧洲的"马歇尔计划"，实现了国内与国际市场一体化。与发达国家相比，广东乃至中国的交通基础设施建设，具有巨大的发展空间。目前面临的一个争议是"线路的重复性是否浪费"，这是"多与少"的争议。判断交通基础设施是否重复的关键是：该项设施所创造的短期收益和长期收益是否超过了其成本。但目前更重要的是"有与无"的问题，广东需要交通基础设施的大投入，实现珠三角一体化、粤港澳一体化、泛珠三角一体化。广东需要更多的轨道交通、更多的高速公路、更多的水路、更多的机场，这是生产中心与消费中心互动的基础条件。

广东由"单中心"向"双中心"转变，是一项转型升级的系统工程。构建经济发展的可持续动力，需要我们进行顶层设计，把握微观基础的理性行为变迁，为生产与消费提供良好的基础条件。

5. 全方位资本化与广东经济转型①

《广东省建设珠江三角洲金融改革创新综合试验区总体方案》（以下简称《方案》）的实施具有重大的模式意义。广东转型升级，必须形成一个资本化支撑体系。《方案》为广东产业转型升级设计了一个相对系统的资本化体系，目的是推进广东"金融＋制造"产业模式转型。

一、《方案》具有重大的模式意义

国务院批准《广东省建设珠江三角洲金融改革创新综合试验区总体方案》，是一件意义极其重大的事件。经过三十多年的快速发展，中国成为制造业大国，广东成为制造业大省。中国制造业增加值 1993 年超过法国和英国，2006 年超过日本成为世界制造业第二大国，2008 年超过美国成为世界制造业第一大国，结束了美国自 1895 年以来一直保持的制造业生产规模世界第一的历史。2010 年，中国工业增加值 23 640 亿美元，是美国的 1.04 倍。在世界 500 种主要工业品中，中国有 220 种产品产量居世界第一位。

世界制造中心，必会迁移。每一次世界制造中心的变迁，必然有一个

① 本文应《广东地方税务》之邀而作。

强国（地区）的出现，世界工厂以其强大的生产影响力和市场影响力推动着该经济体的快速成长。即使在生产要素成本上升而发生产业转移之后，该经济体的世界影响力依然存在，表现之一就是"生产权"上升为"价格话语权"，其核心是经济的金融化及其支撑的标准与技术话语权。

《方案》的出台，赋予广东模式探索的意义。广东需要探索转型升级的金融路径。广东金融改革创新综合试验区是以经济带呈现的，分设三个试验区：一是在珠三角地区建设"城市金融改革创新综合试验区"，重点建设多层次资本市场体系和现代金融服务体系，深化粤港澳合作。二是在环珠三角的梅州市建设"农村金融改革创新综合试验区"，以构建具有广东特色、服务"三农"的现代农村金融服务体系为目标。三是在环珠三角的湛江市建设"统筹城乡发展金融改革创新综合试验区"，建立科学合理配置城乡金融资源的体制机制。

这是目前国内金融改革中覆盖内容最广泛、涉及范围最大的金融改革方案，力图为发达地区深度工业化、落后地区推进工业化探索可行的发展路径。这不仅对三个经济带，对广东，对全国，甚至对世界，都具有模式探索意义。

二、《方案》的实质是全面资本化

经济金融化的实质是形成一套成熟的资本化体系，要素所有者突破时间与空间的限制，实现人类合作秩序的拓展，实现经济发展的收益递增。只有这样，才能做大做强经济组织。突破时空限制，把要素连接起来的途径是资本化。资本化，是把要素（或资源）转化为资本，就是把政府未来财政收入流，企业资产（有形资产和未来收入流）、土地等自然资源，劳动者未来收入流等，通过产权化、证券化等形式，转变成可流通的资本，转变为"活钱"，可以现在用的钱。比如国债，就是政府以未来财政收入流作抵押，募集资金，相当于把明天的钱盘活，拿到今天花。1783 年工业革命发生在英国的一个重要原因是，政府通过发行国债借款来扶持民族工业发展，而不受短期内税收水平的限制。历史学家理查德·爱伦贝格曾指出，如果不是在 1693 年到 1815 年期间发行了 9 亿英镑的国债，英国就不可能成为今天的大不列颠帝国，不可能把半个地球征服在脚下。

美国财富能够以比其他国家快得多的速度创造更多新的财富，重要原因在于美国有着让任何资产、任何未来收入流都能提前变现的资本化体系。资源资本化，盘活一切可以盘活的资源，形成一个对内对外皆开放的经济体系，发挥规模经济的优势，才能促进经济组织突破收益递减规律的限制，实现收益递增，实现跨越式发展。正如马克思所言，假如必须等待积累去使某个单个资本增长到能够修建铁路的程度，那么恐怕直到今天世界上还没有铁路，但是，集中通过股份公司瞬间就把这件事完成了。

广东转型升级，必须形成一个资本化支撑体系。《方案》的实质恰好是全面资本化。

一是债权资本化。《方案》提出，在总体试点推进框架下，研究开展房地产投资信托基金和个人住房抵押贷款证券化业务。个人住房抵押贷款证券化，即银行把贷款契约变成证券，卖出去换钱，获得流动资金，将流动性差的资产转换成流动证券，为市场提供新型投资品种和融资工具。

二是产权资本化。《方案》提出，将在国家明确试点范围、条件及抵押登记、期限和抵押权实现等具体政策的基础上，研究推进农村宅基地使用权和土地承包经营权抵押贷款试点工作。土地的资本化、信贷化和未来的证券化将成为可能，农村居民的资产性收益将可望真正落到实处。《方案》

提出，广州市加快建设区域金融管理运营中心、银行保险中心、金融教育资讯中心、支付结算中心、财富管理中心、股权投资中心、产权交易中心。这实际上是赋予广州资金流动和产权流动的枢纽地位。

三是资产资本化。《方案》提出，探索深化知识产权质押融资试点。知识产权质押融资指企业或个人以合法拥有的专利权、商标权、著作权中的财产权经评估后作为质押物，向银行申请融资，区别于传统的以不动产作为抵押物的融资方式。通过资产资本化，可以大大推动服务产业转型升级。

四是风险分散化。金融的核心功能之一是风险由有能力并愿意承担风险的行为主体承担。《方案》提出，推动个人税收递延型养老保险产品试点工作，探索城市低收入人群参与商业保险的途径，创新农业保险产品和机制，推广农村小额人身保险。个人税收递延型养老保险，是指投保人缴纳的保费在缴费期间按照统一方案免缴税款，并递延至退休领取，在领取保险金时按照一定规则再缴纳相关税款的养老保险产品。《方案》的设计，意在通过金融手段分散经济中的不确定性。

五是未来折现化。把未来收益进行折现，实现跨越时空的价值交换，是金融的核心功能之一。《方案》提出，建立农副产品和水产品远期现货交易中心，扩大企业债券发行规模，稳步扩大面向中小企业的集合债、集合票据、短期融资券发行规模，这将通过未来收益折现化推进金融深化。

三、《方案》的目的是推进"金融＋制造"产业模式转型

广东制造业转型升级，面临两个并行方向：一是由劳动密集型向资本密集型升级，自动化、精密化、智能化、标准化的生产线将是主流，广东将面临机器革命。随着人口红利消失，"用工荒"有可能演变为常态社会问题。资本替代劳动，用机器替代工人，已经成为一种趋势。资本密集型产

业发展模式，意味着必须利用一切可以利用的资源，盘活一些可以盘活的资源，实现产业收益递增。

二是制造业金融化。随着金融全球化，越来越多的商品具备了金融属性，出现了商品金融化趋势。商品金融化改变了商品价格的形成机制，价格不仅是由传统的、基于实体经济的供求所决定，更主要是由资本和货币所决定。金融机构取代了传统的商品买家和卖家，成为市场的主导力量。与之相随，金融市场与制造业的关系越来越紧密，传统的"加工制造"产业模式逐步向"金融＋制造"产业模式转变。广东以外向型制造业为主，迈向"金融＋制造"产业模式的需要更为迫切。一家生产灯具的企业，需要原材料铜，而铜的价格受到全球价格波动影响，需要在期货市场上进行套期保值锁定原料成本。生产出来的灯饰产品主要出口到境外，出口产品价格受汇率波动影响，需要在外汇市场上签订远期合约，或进行外汇期货交易。从原料采购到产品销售，这家生产企业都要把金融工具嵌入价值链的每一个环节，进行财务流程再造，这是一个产业链金融过程。近几年广交会出现生产企业"不敢接单"，"不敢接长单，只敢接短单"，"不敢接大单，只敢接小单"等现象，表明生产企业亟须向"金融＋制造"产业模式转型。

利用金融市场，金融企业可以为产业客户提供全方位、多层次的系统服务。在向"金融＋制造"产业模式转型过程中，可将金融工具全方位地嵌入产业链与价值链中，即运用金融工具进行产业链与价值链全流程的财务再造，这就是产业链金融。产业链金融产生的背景是金融全球化与商品金融化。产业链金融的主要目标是规避全产业链上每个环节的市场风险。产业链金融依托的平台是成熟的金融市场体系，因为成熟的金融市场体系具有丰富的金融工具。

　　《方案》设计的以三个经济带为主的三个试验区，涉及地域包括珠三角九座城市，外加东西翼两座城市，呈现"9＋2"布局；涉及的金融工具较为全面系统，部分金融工具在境内创新程度高。总体而言，《方案》为广东产业转型升级设计了一个相对系统的资本化体系。

6. 国家中心城市建设的国际化战略①

20世纪80年代，被誉为"新都市生活之母"的美国著名社会活动家简·雅各布斯在《城市与国家财富》一书中指出，香港的城市腹地已扩展到邻近的广东，而广州却没有形成自己的城市地带。经过改革开放30年的快速发展和多元化经济社会联系的深入，广州被中央政府定位为国家中心城市。这既是对广州前30年发展的总结，又是对未来30年发展的期待。

在新的时代背景下，尤其在全球化背景下，作为国家中心城市，广州的建设要体现高层次、高品位、高质量的动态特征。时代赋予广州这一宏大的历史使命，要承载国家战略，面向世界，服务全国，服务粤港澳台合作，服务中国与东盟经贸联系，连接珠江东岸外源型经济与珠江西岸内源型经济，引领珠三角地区经济社会转型升级。这一切都意味着，广州这一国家中心城市的建设，定位要高、要远，要实施国际化战略。这既是对广州开放历史传统的传承，又是全球化冲击的必然应对。在强化广州国际商贸中心、国际航运中心、国际知识创新中心和国际金融中心功能建设时，需要把握几个关键环节。

一是国际化的生活服务。在广东承接国际产业转移进程中，有大批的

---

① 本文发表于2012年5月24日的《广州日报》上。

国际智力精英随之而来，呈现出"研发环节与先进制造业同步转移"的新特点。能否在融资的同时，实现"融智"，关键在于能否提供国际化的生活服务，满足国际智力精英及其家属的高品位的生活需求。在提供国际化的生产性服务的同时，要提供国际化的生活服务。对此，广州与周边地区应该分工明确，广州的定位是：其他地区产业聚人，广州服务留人、服务养人。国际化的高品质生活服务，重点包括以下几个方面：

建立几所国际性中、小学校与幼儿园，采用多语种教学，适合国际智力精英与外国使领馆人员的子女就读，这样既能解除国际智力精英的后顾之忧，又能培养其后代的"广州情结"。

像上海的"新天地"一样，建立若干标志性的、具有国际风情的休闲交流场所，做到物美、文美、景美，使外籍人士身在广州，却能享受到纽约文化、巴黎文化、伦敦文化、东京文化等，更能通过面对面的交流，使其产生新的创意和新的理念。

建设跨国公司总部及其分支机构的独立生活社区，进行半封闭式和国际化的社区管理，在生活区内或周边地区建设健身中心、国际医疗诊所、银行、邮政、超市、餐饮、娱乐和高档酒店、国际公寓等配套设施，满足国际性人才工作与生活的各种需要。

二是国际化融智。国家中心城市建设，需要国际化的智力资本支撑体系。虽然不定期的"外脑"咨询，具有一定的积极意义，但必须形成一个相对持久的全球范围的融智机制，才更具战略性和可持续性。这需要做到以下几点。

建立国际智力精英的人力资源贮备库，虽在广州，但要追踪全球，做到及时了解国际上特定领域领军人物及其团队的基本信息，便于沟通与联系，不求所在，但求所用。

充分利用广州高校的国际化优势和港澳高校的国际化运作模式，鼓励和协助具有实力的企业与境内外高水平大学和培训机构建立人才培养的渠道与平台，在重点领域积极引进境外高质量的培训机构和项目。

采用国际化的规划设计理念，超前思考，留有余地。敢于大投入，"富规划，穷开发"。对具有标志性意义的建筑物的设计和特定区域、特定领域的发展规划，坚持"海纳百川，追求卓越"的理念，要在全球进行规划设计招标，力求搞好城市形态发展规划。对广州未来新城区和新功能区的建设，尤要如此。

三是国际化品牌。广州的城市品牌建设，要突破食在广州的层次，要突破广交会重在商品领域的范围约束，提升千年商都的品牌，主动把"云山，珠水，花城"的品牌形象融入国际视野。要大投入，实行"请进来，走出去"。请进来，即可以在相对固定的场所定期举办各个国家的系列活动，如美国风情文化周、英格兰风情文化周、法兰西风情文化周、葡萄牙风情文化周等；走出去，即广州要主动到境外举办系列活动，如在国际性大都市或者广州的友好城市举办广州历史文化宣传周、岭南风情宣传周、广州社会变迁宣传周等。

当然，国际化战略要有动态性与可持续性，随着人类社会进步与理念的提升而不断变化，这就要求在建设国家中心城市时，广州的空间与功能布局要面向未来，要想到50年甚至100年后的事情。

7. 理解并引领国家战略：广东的选择①

　　"十三五"时期，是实现中华民族伟大复兴的关键时期，亦是中国深度融入并引领全球化的关键时期。改革开放以来，广东一直是全球化与国家战略互动的引领者与实践者。在新的历史时期，广东依然肩负着这一历史使命。这需要我们深刻洞察国家战略背后的实质和态势，有效、理性应对，准确定位，充分利用"一带一路"战略的机遇，引领全球化进程。

一、"一带一路"战略的核心是价值链与产业链的全球布局

　　国家实施"一带一路"战略，有着宏大的历史背景与全球视野。自从18世纪工业革命以来，世界制造中心（世界工厂）几经变迁：从英国到美国，从美国到日本，再到中国。每一次世界制造中心的变迁，必然有一个强国的出现，世界工厂以其强大的生产影响力和市场影响力推动着该经济体的快速成长。即使在生产要素成本上升而发生产业转移之后，该经济体的世界影响力依然存在。其核心在于：伴随着产业转移，强国进行了价值链和产业链的全球布局。美国、日本的经验是：产业转移后，通过产业链

---

　　① 本文应《广东地方税务》之邀而作。

连接，构成全球价值链。这一经验值得借鉴。

2014 年，我国经济总量突破 10 万亿美元，位居世界第二；制造业净出口量居世界第一位，制造业增加值占世界的 20.8%。作为世界制造中心，我国到了进行全球价值链和产业链布局的时刻。这一布局需要基于不同经济发展阶段的国家和地区进行梯度推进。

"一带一路"战略就是如此：基于沿线不同发展阶段的国家和地区，通过构建国际经济合作走廊，进行价值链与产业链的全球布局。这样，我国自身的经济增长体系将转化为跨境区域增长体系，我国对外开放将突破"东快西慢，海强陆弱"的格局，形成海陆统筹、东西互济、面向全球的开放新格局。

二、"一带一路"战略的关键问题

"一带一路"沿线国家和地区如何实现市场一体化。不同经济体所处的发展阶段不同，流通体系和生产营销网络差异大；存在各种市场边界壁垒，存在不同的税收制度；市场偏好不同，市场文化差异大。

"一带一路"沿线国家和地区如何实现产业一体化。不同经济体之间实现产业链有效链接，才能真正实现经济合作与一体化。这涉及不同经济体的金融政策、投资政策、企业法律制度等差异，牵涉到产业链各环节的资本联系与股权联系。

"一带一路"沿线国家和地区如何实现基础设施互通互联是关键。基础设施是"一带一路"建设的先行资本。如何实现铁路、公路、航空、海运之间的互通互联，形成立体网络式的交通设施，如何实现电力、水利、桥梁、能源等方面基础设施的规模和质量的提升，极为关键。

三、广东的定位与选择

广东是中国世界制造中心的关键组成部分，广东应该成为中国价值链与产业链全球布局的引领者和实践者。基于这一定位，广东不能局限于"21世纪海上丝绸之路"，而是要全面深入开展与"一带一路"沿线国家和地区的合作。

制造业是践行国家战略的基础。"一带一路"沿线国家和地区，不管是基础设施的建设，还是产业的兴起，都为广东提供了机遇。广东机械装备制造业发达，除能为"一带一路"沿线国家和地区输出机械装备外，还能为国内即将走出去的企业提供设备支持。广东珠江东岸新兴电子产业带和珠江西岸高端装备产业带的发展，要立足于"一带一路"战略。

发挥生产性服务业优势。广东众多的、具有全球业务布局的生产型综合服务企业，是产业链链接的关键，具有全球市场整合力。这正是国家实施"一带一路"战略所需要的，是进行全球价值链和产业链布局所需要的。广东要发挥生产型综合服务优势，打造国家的跨境投资、生产和贸易网络，提升境内外、产供销、上下游、内外贸、产业内与产业间的经济贸易一体化体系。

发挥侨乡优势。"一带一路"沿线国家和地区的华侨华人超过4 000万人。全球华商企业资产约4万亿美元，其中东南亚华商经济总量约为1.2万亿美元。华侨华人在"一带一路"战略中可以大有作为。广东要充分发挥侨乡优势，参与各个方面的建设。

积极参与相关金融业务。广东准备好承接金砖国家开发银行、亚洲基础设施投资银行、丝路基金等相关业务，发展离岸金融业务，帮助企业防范与化解投资风险、汇率风险、社会风险、贸易保护主义风险等。

助推国家海洋产业发展。"21 世纪海上丝绸之路"建设的关键载体之一是海洋产业。广东具有先天优势，是我国海洋经济与大陆经济互动的关键区域之一。广东要引领全球海洋产业价值链，促进我国海洋产业发展集群化、网络化、全球化。

8. 价格与好的社会①

一、价格至关重要

2012 年诺贝尔经济学奖获得者、美国经济学家、耶鲁大学金融学教授罗伯特·希勒，有一本畅销书《金融与好的社会》（*Finance and the Good Society*），核心观点是一句话：金融发展，是为了形成更好的社会。没有金融，或者金融发展不好，就制约了好的社会的形成。

掩卷深思，豁然开朗，不仅金融如此，价格更是如此。价格系统包括价格机制、价格体系，其目的就是为了形成更好的社会。

无论何时，无论何地，一切矛盾和问题，归根结底，都是利益问题。一切利益问题，都是价格问题，无论表现为货币价格，还是表现为非货币价格。

无论是鲜衣华盖之辈，还是引车贩浆之流，无论身在庙堂之上，还是身在江湖之远，无论高官达贵，还是平民百姓，从摇篮到坟墓甚至以后，都要受到价格及其机制的作用的影响，有时也许是残酷的作用。价格如此重要，还是小心为妙！

---

① 本文发表于 2015 年 8 月的《市场经济与价格》上。

《广东省定价目录（2015 年版）》（以下简称《目录》），正是在充分理解价格的质及其作用的全面性、系统性的基础上，小心翼翼地对待价格及其管理，为了广东更好的发展而努力。

二、价格需要无形的手

市场决定价格，这是市场经济最为核心的共识。这一共识只有转化成为经济社会运行的主导机制，才是真正的市场经济，否则，必将是伪市场经济。更为重要的是，市场配置资源的决定性作用，通过市场决定价格的具体机制，将最终形成好的社会。

我们常说，价格是市场经济运行的核心指标，其潜台词是：价格是一面镜子，市场中的一切信息都反映在其中；市场价格的变动，意味着信息的变动，意味着行为主体的决策变动，意味着资源配置的变动。市场决定价格的机制的核心是：自由决策的需求者的资源配置与自由决策的供给者的资源配置，决定着市场价格及其变动趋势；这反过来决定着行为主体的成本与收益的理性计算，市场价格这只"无形的手"，通过引导行为主体的理性决策，实现了资源有效配置。

《目录》就是要发挥市场的决定性作用，大幅度削减政府定价项目，砍掉 2/3 的政府定价事项，只保留 12 种 65 个定价项目。从市场决定性意义上讲，《目录》表面上是一份正面清单，规定了政府定价的产品、服务；实际上是一份负面清单，在《目录》之外，"法不禁止即自由"，由市场说了算。《目录》充分尊重、充分发挥"无形的手"的作用。凡是能由市场形成价格的都交给市场，政府不进行不当干预，价格管理慎行。

三、价格需要有形的手

我们为什么需要政府定价，为什么需要《目录》？市场与政府的关系，是一个永恒的命题。价格问题，同样如此，绕不开政府和市场的关系。

一方面，市场在资源配置中起决定性作用；另一方面，市场失灵是一种天然的存在。随着经济社会转型的逐步推进，人们对政府与市场关系的认知，逐步超越"替代"理念，演进到"互补"关系：政府与市场应该握手，政府的职能在于增进市场功能，补充、完善市场功能与丰富市场体系，否则好的社会将很难实现。

《目录》主要限定重要公用事业、公益性服务和网络性自然垄断环节三大领域，正是要实现"无形的手"与"有形的手"的有效握手。

《目录》通过实现政府与市场的有效握手，着眼于促进竞争。市场决定价格的前提是充分竞争，竞争出效率。竞争的过程，实际上是利益主体博弈的过程，是价格动态调整的过程，是资源配置动态调整的过程。垄断就是一种特权，特权是市场决定价格的天敌，特权是牺牲他人的幸福而使自己幸福。我们需要让真正的市场竞争发挥作用，无竞争，无市场，无效率。政府定价目录的发布，在一定程度上意味着垄断企业特权的减弱。

四、价格需要法律之手

李克强总理曾提出了三张清单：政府拿出完整的权力清单，法无授权不可为；对企业要给出负面清单，法无禁止皆可为；政府管市场要理出责任清单，法定责任必须为；三张清单相互联系，缺一不可。《目录》是三张清单相互联系的典型体现：在价格领域，政府能做什么，不能做什么，责任何在，皆有体现。

　　三张清单的核心是负面清单。负面清单遵循的是"除非法律禁止的，否则就是法律允许的"逻辑解释。负面清单明确划分了企业与政府各自的职责范围，让市场与政府各就各位。政府给市场主体画出一条清晰的政策底线，主要做好事中事后监管、提供公共服务、维护市场环境等工作；企业能做什么以及该做什么，可根据法律法规和市场实际，作出自己的判断；企业间的竞争，主要是市场机制起决定性作用；若触犯了法律和市场规则，则政府出手治理。

　　《目录》体现的正是依法管理价格。《中华人民共和国价格法》《中华人民共和国反垄断法》等法律是《目录》实施的依据、保障和补充。法律是利益的分配文书，法律只有被信仰，才能称之为法律。被信仰的法律，才能激发"有恒产者有恒心"的市场主体活力和创新精神。

　　价格和法律的结合，是好的社会形成的前提。广东在努力，广东在先行！

第七篇　读思之乐

人类一思考，上帝就发笑。

——米兰·昆德拉　引用犹太人谚语

书是人类进步的阶梯，终生的伴侣，最诚挚的朋友。

——高尔基

1. 城市交通的经济学逻辑[①]

"窥一斑而知全豹"，初到一个城市，通过交通是否通畅可以马上推测出整个城市的管理水平如何。不可否认，交通问题是大都市的通病，但走过几个国内外大都市，却发现不同的城市解决交通问题的思路及其效果却迥然不同。

同样的城市规模，同样的人口密度，同样的汽车保有量，同样的城市布局（如都是单一中心城市），交通的效率却差异很大。效果的差异，很大程度上在于交通规划与管理的思路差异。其实质在于是否遵循了交通自身的发展规律。

交通规划与管理，就是一个资源配置过程，要体现经济学逻辑，以最少的投入实现最大的产出。一个高效的城市交通体系，其标准是"通达"，应该实现以最少的时间、最短的距离到达目的地。如果这一标准实现，社会既低碳又和谐。但在现实中，许多城市的路越修越宽，车越来越堵，背后的关键问题是什么？主要在于主观影响客观，没有遵循基本规律。

交通体系规划设计应遵循路网布局与人口分布特征的协调性。比如柏林与北京，城市基本特征近似：单一中心城市格局；北京人口密度约为

---

① 本文发表于 2011 年 8 月 16 日的《中国社会科学报》上。

3 390人/平方公里，汽车保有量约为450万辆；柏林人口密度为3 818人/平方公里，汽车保有量约400万辆，无尾号限行，主要道路宽度远远小于北京。为何北京成为"堵城"，柏林则路网相对畅通呢？单一中心城市的人口流动特征是早上"汹涌而来"，晚上"澎湃而去"，这对线路的要求是可重复性。翻开两座城市的地铁分布图，可以发现：北京的地铁分布体现了广覆盖性；柏林的地铁分布体现了可重复性。地铁自身的要求是尽量走直线。可重复性可以实现尽量走直线，广覆盖性则必然多拐点。不仅北京如此，我国若干大城市的地铁分布都体现了广覆盖性，而没有体现可重复性。对交通规划专家而言，这只是常识而已。现实如此，一种很大的可能性是房地产商博弈的结果。但这是一种负和博弈。

如果能够实现动态车流量最小化，使车辆尽快退出路网到达目的地，由动变静，就有可能不堵。如果以路面承载量最大化为目标，则很可能堵。

要实现最短的距离，要求线路设计的可逆性，要多设转弯点。按照我国的交通规则，要多设左转弯点。在大都市中，开车的人往往是望眼欲穿，明明目的地就在对面，却还要绕很远才能到达。这种情况的逻辑是，管理者力图实现路面承载量的最大化，以慢治堵，而不是以疏治堵。多设转弯点，增加可逆性，以疏治堵，力图实现动态流量的最小化，这才是交通之本。同时，可逆性允许犯错，一旦走错了线路，可以很快纠错，回到正确的路线，而不是只能一错到底。在纽约华尔街，路窄地少，却很少堵车，路网通达功不可没。

交通是人口流动与物品流动的载体，产业及其布局决定人与物的流动。交通问题严重的地方，往往是产业经济集聚的地方。解决交通难题，有时需要产业动起来。纽约华尔街不堵车，在于金融业是高端产业，主要是人口流动，货物流动较少。产业高度决定了交通效率的高度。

　　以广州为例，交通的一个重灾区是天河电脑城附近，旁边是全国著名的城中村——石牌村。天河电脑城并非高端产业，甚至可以说是劳动密集型产业。石牌村的租赁经济也是依托这种劳动密集型产业。城中村的改造难以顺利推进，也与这一产业有关。此处人口流动与货物流动交织在一起，早上"汹涌而来"，晚上"澎湃而去"。

　　解决此处的交通难题，有一个可能的路径：把天河电脑城搬到别处，"天河电脑城"这一名称依然保留，甚至税收可以谈判，迁出地与迁入地可以协议分成。

　　这样，天河电脑城的黄金空间可以发展高端产业，聚集高端人才，高附加值的产业也许会带来更多的税收。石牌村以中低收入群体租房为主导的租赁经济的存在基础就逐步消失了，城中村改造的阻力也会相对减少。这一区域的交通难题就相应不存在了。

　　跳出交通看交通。交通服务于产业，产业决定交通效率。这就要求交通规划、产业规划、城市功能规划、基础设施规划的协调。

　　经济学是讲求约束条件的。交通是在既定规则约束下的行为主体的自组织过程。

　　规则首先要符合基本规律。比如，许多城市路口禁止车辆左转，不符合通达原则。交通部门的规则制定，往往基于自身工作的便利性，而不是基于特定区域真实的交通特征的把握。而最熟悉特定区域交通特征的往往是物流公司，但在决定它们的命运之处，往往听不到它们的声音。

　　执法者不能存在"逆规则行为"。有一种常见的现象，单行线路逆行者，多为警车、军车、城管车，这充分体现了"国家是唯一可以合法使用暴力的组织"的理念的变异。规则必须体现硬约束，而不能是软约束。有些中小城市，红绿灯调控基本失灵，闯红灯可以靠关系摆平，这是个体理性导致的集体非理性，"这样的城市"将永远是"这样的城市"。

许多城市紧要路口都设交警或交通协管员，但指挥者的指挥与红绿灯的自动指挥往往并不协调，形成规则双轨制，没疏堵反而添堵。交通协管员的协调应该重在疏导行人，而行人的疏导，同样应该遵循通达原则，比如多设人行天桥与地下通道，尤其是环状天桥或通道。工业化的核心在于通过自动化实现秩序化，从而实现标准化与规模化生产。城市功能的提升是工业化进程的内生需求，需要遵循同样的逻辑。

通达很重要。一个城市的交通，将会产生蝴蝶效应，影响全球经济社会的运行。反过来，全球的人才、资金也会评估、选择一个城市的交通。交通兴，则城市兴。

2. 我们为什么需要股市①

如果你爱一个人，请把他/她放到股市，因为那里有通往天堂之路；如果你恨一个人，请把他/她放到股市，因为那里有走向地狱之门。股市像一面镜子，充满了爱恨情仇，反映了社会百态，一有风吹草动，立刻剧烈波动，有蝴蝶效应，有羊群效应。股市不一定是经济的晴雨表，但一定是一幅百变人生图，喜也，悲也，皆在其间。

既然如此，我们为什么需要股市？因为我们向往美好生活。美好生活不是虚幻的，而是要有不断增加的物质条件作为支撑，即经济需要不断的增值。资源是稀缺的，怎样实现增值？需要改善资源配置状态，提升资源配置效率，这需要突破地缘、血缘、宗法等方面的限制，进行跨越时空的合作。

在资本的世界里，股市就是自由人的自由联合，这种自由的资本联合是一种跨越时空的资源配置。股市存在的价值就在于：通过改善资源配置，释放行为主体的活力，实现经济增值，进而创造美好生活。即股市是为了形成好的社会。实际上，整个金融系统都是为了形成好的社会。2012 年诺贝尔经济学奖获得者、美国经济学家、耶鲁大学金融学教授罗伯特·希勒，

---

① 本文应《广东地方税务》之邀而作。

有一本畅销书《金融与好的社会》（*Finance and the Good Society*），核心观点是一句话：金融发展，是为了形成更好的社会。没有金融，或者金融发展不好，就制约了好的社会的形成。

基于此，股票就是一个折现器。在一个正常形成且不断成熟的股市里，我们买某只股票，就是看中了企业的资产价值，看中了企业未来收入流的持续增长能力。企业正是以这种能力作抵押，发行股票，募集资金；股民正是相信这种能力，才拿出真金白银，分享未来企业增值的成果。股民的原则是用脚投票：好则买，坏则卖。由此，股市成了经济的晴雨表，股市为实体经济服务并真实反映实体经济运行的状态。

股票市场是自由的，自由选择的权利是你的，自由选择的代价即风险也是你的。股票是一种风险配置机制，把风险配置到能够承担并且愿意承担的人身上，仅有能力没有意愿不行，仅有意愿没有能力也不行。所以，股市不能有，也不应该有赌徒心态。

当前我们的股市，充满着赌徒心态，并不是经济的晴雨表，这是一个变异的股市：经济熊市难转，股市熊牛快速转换。任何现象，都有其原因，都有其历史源头。

中国股市的发展史，是一部企业资金来源变迁史。传统体制下，企业经营资金靠财政拨款；当财政自身陷入困境无暇顾及、无能为力时，20世纪80年代"拨改贷"横空出世，企业经营资金靠银行；当银行不良资产急剧上升、信贷资金循环出现巨大漏损时，股市应运而生，当审批制的上市配额成为无偿圈钱的权力时，企业经营资金靠股民。正所谓：企业改革，吃完财政，吃银行；吃完银行，吃社会（股民）。这也是为什么股票不分红的原因。

与之相伴随的股市，必然是一级市场（发行市场）定价过低，二级市场（交易市场）投机过度。上市的竞争，演变成上市配额的竞争，一幅错综复杂、千姿百态的寻租路线图就这样呈现在人们面前。

为企业资金纾困，这是我们股市的起点，这大大偏离了正常股市的起点：为企业增值。起点的逻辑错了，路径依赖的必然结果就是如此：股市不是，不可能是，也没有能力是经济的晴雨表了。一旦股市与经济路归路、桥归桥，各自独行，股票市场就像没有纤绳的风筝，恣意飞翔。小道消息满天飞，且竟然真能左右股民的选择，进而影响股市的走势。

股民没有错，股民永远是对的。人人都是理性人，既然做赌徒可能挣钱，做大赌徒能挣大钱，为什么要做股东呢，做股东又不分红。在一个人人争做赌徒的股市，疯牛和疯熊必然时刻出现。再次重复一遍，股民没有错，这只是面对具体市场场景的理性反应。股民没有高低贵贱之分，股民都有一颗勇敢的心，都有一颗自我负责的心。因此，无论是决策当局，还是媒体，都不能把股市熊牛的快速转换归因到股民身上（他们只是顺势而为的实践者），否则就南辕北辙了。

天下大势，合久必分，分久必合，一切都是规律使然。该来的，总会来的。股市本来就应该是，也必然是经济的晴雨表。股票与经济各自独行的状态应该逐步结束。

市场的基本特征是进出自由。上市是自由的，只要符合《中华人民共和国证券法》《中华人民共和国公司法》所规定的条件。但一旦上市成为公众公司，就要履行严格的信息披露责任和义务，不能欺骗股民，不能说谎话，否则法律伺候，并且该分红时就分红。退市是自由的，当信息披露等事件可能成为公司发展的阻碍时，大股东收购自家股票到一定比例或其他法律规定的情形出现时，就退市了。当然，公司经营太差，股民的脸肯定很难看，企业距离破产倒闭也就不远了。你上你的市，我退我的市，市场是动态的，充满着新鲜血液，也就有了活力。

　　当公司在股市进出自由时，股民用手投票，选择值得投资的股票，或短期换换手，或长期做股东。十年陈股香，或将姗姗而来。真正股权投资的时代也将逐步到来。

　　上述理想场景的制度支撑是注册制。股票发行上市制度由审批制改为注册制，是一个正式的市场洗礼。没有这个洗礼，那就不是一个正常成长的股市。

　　当然，这一制度变迁，是痛苦的。对股市的影响，短期而言，也许神仙才知道。但就长期而言，这是股市的宣言：一定要做经济的晴雨表。注册制必然引起阵痛，但为了股市的正位，这种成长的代价是必须的。

　　不经历风雨，怎能见彩虹！让暴风雨来得更猛烈些吧。

3. 熊牛转换现风险①

当前，中国经济的复杂程度，超过了以往任何时刻，超过了历史上任何经济体所经历的复杂程度。这是一个典型的全球化时代的发展中大国经济的复杂局面，既有实体经济的困境及其突破路径的徘徊，又有虚拟经济的剧烈波动及其背后各种力量的博弈。

2015年上半年，中国经济的表现，正是这种复杂性的高度体现。从实体经济看，我们处在典型的熊市，经济增长速度在一路下滑，如果继续下滑下去，一旦年度经济增长率低于7%且呈现稳步走低状态，将直接威胁到2020年城乡人均收入比2010年翻一番进而全面建成小康社会的宏伟目标的实现。从价格的市场信息反应看，生产者价格指数持续下滑，居民消费价格水平一直在1%～2%低位徘徊，面临着步入通货紧缩的趋势，即使近期因种种原因猪肉价格飞起来了，也无法改变这种趋势。从国际环境看，我国贸易顺差逐步缩小并开始出现贸易逆差，这将是一种贸易新常态；尤其是欧盟受困于欧债危机而步履蹒跚，日本安培经济学的失效而徘徊难前，我国需要寻求新的外部市场替代传统市场，这是出口市场的新常态；国际直接投资出现分化，资本品的投资回流发达国家，消费品的投资走向发展

---

① 本文应《广东地方税务》之邀而作。

中国家，这将是国际投资的新常态。

总之，经济熊正向我们走来。我们面临的最大任务就是，把经济熊变成经济牛。但一不小心，经济牛没有跑起来，另一只牛可能却疯了，乱跑起来了。

为了遏制经济熊，政府采取了宽松的宏观经济政策。回想 2013 年，巴克莱公司提出的李克强经济学有三大要点：不刺激、去杠杆、调结构。2014 年变成了：定向刺激、定向宽松、调结构。2015 年变成了：刺激、宽松、调结构。这一切，都是着眼于拉动实体经济，激发市场活力。然而，宽松的宏观经济政策带来了宽松的货币环境，出现了货币空悬：货币没有有效地进入实体经济，而是较快地进入到虚拟经济，钱开始炒钱了。于是，股市疯了。

不同于 2007 年，当前的股市具有三大特征。一是开放市，2014 年 11 月沪港通的开通，意味着我们必须承受国际资金的合法冲击，而且我们也必须合法应对。二是双边市，2010 年 4 月 16 日起，A 股市场有了股指期货，有了做空机制，股市的信仰变了，不是想"上涨"，而是有人想涨有人想跌。三是杠杆市，当我们一般老百姓还不清楚怎么回事时，融资融券、场外配资公司、伞形信托投资等已经汹涌而来了，胆大者的融资及其示范效应加剧了股市的疯狂。然而，开放市、双边市、杠杆市三市合一，情况就错综复杂了，政治经济利益的国际博弈混杂在一起了。合理的做空意味着有涨必有跌，大涨必有跌；大单融资，意味着"Best or Nothing"，要么一步冲天，要么一败涂地，人的动物性的冲动本能，时时显现。股市熊牛的快速转换，让人眼花缭乱，让人疯狂，让人捶胸顿足。

经济熊转牛的困难交织着股市熊牛的快速转换，互为因又互为果，期待高手庖丁解牛，实在难上加难。这意味着，我国经济面临系统性风险的可能性在快速增加。2015 年下半年，我们面临的最大任务就是要化解这一风险：经济熊要牛起来，股市的疯牛与疯熊要控制住。

系统性风险化解期待路径突破。2015 年 7 月 30 日，中共中央政治局召开会议，在肯定"上半年经济增长与预期目标相符"的同时指出，经济下行压力依然较大，一些企业经营困难，经济增长新动力不足和旧动力减弱的结构性矛盾依然突出。这暗含着中国经济风险的化解路径：必须依靠实体经济发展，夯实经济增长的微观基础。

习近平、李克强两位最高领导人相继到东北视察，这发出了明确的信号：必须千方百计提升实体经济。对股市而言，6 月底、7 月初的国家队护盘行动，稳市有效，但在目前背景下，将不会再有如此规模、如此激烈的行动了，股市投资者要好自为之，慢慢历练了。

中国经济需要一颗实体经济的心，我们一起努力吧！

4. 幸福指标的经济学逻辑①

幸福广东，先行先试，在国内率先构建了幸福指标体系，具有较好的示范效应。各级各类指标及其权重的设定，系统全面，相对科学，数据可得，易于测度，合理可行。但由于尚未进行实证检验，测度结果理论逻辑与现实逻辑是否一致，尚不得而知。理论逻辑与现实逻辑殊途同归的关键在于要抓住幸福指标体系背后的"质"。

你幸福吗？不同的人在不同的时间、不同的地点，有着不同的回答。答案的唯一相同之处是，幸福是此人此时此地的心理评价。不管是明确的还是潜意识的评价，必有参照系，即相对于某个标准来评价。可见，幸福的核心是相对。

相对，恰好是经济学逻辑的核心。经济学研究的是在既定约束条件下，如何有效配置稀缺资源，满足多样化偏好，以谋求最大化福利。通俗来讲，就是要理性选择。怎样选择，两利相权取其重，两害相权取其轻。相对价格、相对收入等指标的变化，意味着最优选择就要发生变化。选择就是权衡，权衡就是相对。

用经济学的术语讲，幸福的心理评价就是效用。效用增加了，就觉得

---

① 本文发表于 2011 年 4 月 18 日的《南方日报》上。

幸福了；效用减少了，幸福就受到一定的伤害。而效用，永远是相对的，如同价格永远是相对的，利益永远是相对的。比如，效用具有"棘轮效应"，由俭入奢易，由奢入俭难；效用具有示范效应，炫耀性消费，对别人某种状态的"羡慕妒忌恨"。

因此，幸福指标体系的设计及其具体应用，一定要体现经济学的逻辑，抓住幸福指标背后的"质"。其基本原则应该体现相对性，核心是时间相对性与空间相对性。由此决定了幸福指标体系设计应尽量避免静态性，突出"更"。

从时间相对性来说，幸福的各级各类指标，尤其是权重，一定要有历史阶段性特征。其理论逻辑是马斯洛的需求层次理论，人的各种需求是随着时间推移而变化的。从这个角度讲，幸福指标体系的设定需要注意若干问题。一是总量指标的相对变化要充分体现，反映其动态变化，如相关领域的增长率指标、普及率指标。二是结构指标的相对变化要充分体现，反映随着时间的变化，人们的偏好在变化，幸福的内容在变化。比如，过去对工作的心理评价高，现在对休闲的需求大。三是要注重幸福的底线约束与底层保障，相关指标要反映幸福保障线。有钱不一定幸福，没有钱肯定不幸福。选择范围的扩大，在一定程度上意味着福利的增加。中低收入群体的选择范围受到的约束相对大些，而高收入群体的选择范围则易于拓展，幸福的自我调节弹性比较大，而且二者的偏好可能不同，幸福程度与内容也不相同。底层保障应该是幸福指标体系的逻辑起点。当然，这一起点在不同的时间、不同的地区会有所不同。

从空间相对性来说，不同的地区很难同质。对广东而言，更是如此。从经济层面讲，也许广东省内珠三角、东西两翼、北部山区等地区之间的差距，大于全国东部、中部、西部地区之间的差距。此时要用同一套指标体系测度各地区的幸福程度，一定要根据各地区的不同情况，对各类各级指标的权重进行调整，做到"同指标，异权重"。对于落后地区而言，发展还是硬道理，GDP还是基本保障，重要的是要避免相对发达地区的教训，利用后发优势，降低发展的"痛苦指数"。落后地区要工作，发达地区要休闲。因此，幸福指标权重的地区差异不可忽视，其随着时间变化的调整亦不可忽视。

幸福的保障是权利。经济学讲求的是有约束条件下谋求福利最大化问题。约束条件至关重要。幸福指标体系要有所体现，其中最重要的是权利约束，对民众来讲是权利保障。诺贝尔经济学奖获得者阿玛蒂亚·森研究表明，贫困不一定仅仅是物质贫困，在更大程度上可能是权利贫困。幸福的权利指标的设定，有助于避免出现"在决定他们的命运之处，听不到他们的声音"的局面。幸福的权利指标的实践，有利于民众选择范围的扩大。

总之，幸福指标体系的设计，要防止就幸福论幸福，要防止不同的人、不同的行业、不同的地区"被幸福了"，要重视幸福指标体系背后的理性逻辑。

5. 雾里看花：为什么自由依赖于税①

哲人说，人类一思考，上帝就发笑。上帝为什么会笑呢？因为有些问题，人类想不明白，一直都有"雾里看花，水中望月"的感觉。比如说，政府与市场的关系问题，政府应该做什么，市场应该做什么，折磨着一代又一代的经济学家，二者到底应该是什么关系？

熊彼特讲，社会本来是一个各方面相互关联、密不可分的大系统，人类研究的"分类之手"把经济拿出来专门研究，才有了经济学家。有时，我们还需回到大系统，我们需要学科的融合，才能看清问题。

仁者见仁，智者见智。经济学的问题，有时候是旁观者清，非经济学家的见解，反而使人有豁然开朗之感。比如，由美国普林斯顿大学政治科学教授兼纽约大学法学院教授史蒂芬·霍尔姆斯（Stephen Holmes）和芝加哥大学政治学与法学教授凯斯·R. 桑斯坦（Cass R. Sunstein）两人合著的《权利的成本：为什么自由依赖于税》（*The Cost of Rights：Why Liberty Depends on Taxes*）一书，从权利的角度，间接回答了政府和市场的关系，使人耳目一新。

传统的自由主义认为，要保护权利，政府管得越少越好。该书认为，

---

① 本文应《广东地方税务》之邀而作。

这是一种偏见。权利要想真正成为法律意义上的权利，即司法上可以执行的权利，需要政府积极的创设和实施，而不是管得越少越好。的确，若没有一个公共权利维持和平、稳定、公正的社会秩序，那么极端自由将走向其反面，变得没有任何自由。此时，不但自由市场无法建立，经济无法发展，而且人与人之间将处于一种弱肉强食的状况之中。

该书从财政角度揭示了上述道理，从为什么贫困的政府不能保护权利，无法维持市场经济的正常运转，自然而然地推论出了权利也是需要成本的。强调国家的重要性，从财政角度看，无疑是强调了税收的重要性：无税收则无财产，必须给守夜人（政府）收益。

该书论证了一个典型事实：无论何种权利，都需要政府花费巨大的开支来维持。因为权利是有成本的，所以权利就不是无限制的，至少要受到成本的限制。

权利必须受到限制，就必须强调权利享有者对共同体的责任。例如，保护财产权最有效的方法，则是使得没有财产权的人，能够不至于因为绝望而铤而走险，也相信自己能够通过合法公平手段获得财产权。即使财产权是天赋人权，若没有稳定的社会状况，这种权利也无法得到切实保障。税收的正义性在于政府利用税收收入提供公共物品。我们的和平环境，我们的安全，我们的自由，依赖于税。

震撼我们的不仅是作者的观点和论证逻辑，更在于其方法。正如作者所言，对于具体问题的研究和解决，需要更多关注的是特定的事实和细节，而对个人的价值倾向和学术立场，则要尽量保持一种自我克制和冷静；不预先设定自己的政治立场，而让一个经过冷静分析而展现出来的事实说话。

6. 把握新工业革命的脉搏①

作为读书人，最幸运的是读到好书，通过与作者跨越时空的思想交流，把握经济社会发展的大势，触摸时代的脉搏。正所谓，读书知世界。近期，笔者读了美国《连线》杂志主编克里斯·安德森关于新工业革命的三本书《长尾理论》《免费》《创客：新工业革命》，跟随作者的思路旅行，体会到了全球化与互联网时代的经济社会大转型，打通了自己关于宏观大历史的"任督二脉"，感知到新工业革命时代跳动的脉搏。

《长尾理论》所描述的是，技术正在将大规模市场转化为无数的利基市场（获利空间），文化和经济重心正在加速转移，商业和文化的未来不在于传统需求曲线上那个代表"畅销商品"的头部，而是那条代表"冷门商品"的经常被人遗忘的长尾。长尾就是范围经济，就是产品多样性、小批量、多品种。互联网和智能化，使那条无限的长尾蕴藏着巨大的利润空间，其背后的实质是规模经济向范围经济的迈进，意味着制造业发展范式的转型：从大规模标准化生产转向大规模定制化生产。这意味着企业做大做强有了新的选择路径，企业规模并不一定越大越好。发现长尾，是未来的竞争优势所在。专注、极致、快速反应，比规模更重要。

---

① 本文应《广东地方税务》之邀而作。

经济学有一句名言：天下没有免费的午餐。然而，《免费》提出的商业模式恰恰颠覆了这句名言。该书指出，一种商业模式既可以统摄未来的市场，也可以挤垮当前的市场，这并不是一件不可能的事。免费就是这样一种商业模式，免费是一种建立在电脑字节基础上的经济学，代表着数字化网络时代的商业未来。互联网上无穷大的货架空间使"长尾"式多样化产品销售成为可能。互联网上几近为零的货架成本使免费销售成为可能，在零成本基础上创造一个全球经济的新趋势已经不言自明。免费的实质是交叉补贴，我们生活在一个交叉补贴的世界里，渠道为王的时代将一去不复返，口碑为王才是获胜之道。

正是长尾和免费，使产品生产方式发生革命性变化。顾客不再是上帝，而是制造业参与者，是伙伴，顾客与销售者一起玩。《创客：新工业革命》解读了创客运动：创客使用开源设计和3D打印，自己动手设计产品，将制造业搬上自家桌面，实现全民创造。这意味着互联网实现了自由人的自由联合，人民群众的智慧是无穷的，数以百万计的发明家和爱好者的集体智慧集聚在一起，喷薄而出，开放、互动、智能化、生产消费一体化的全球制造业模式将逐步形成。创客运动中的重大机遇就在于保持小型化与全球化并存的能力，创造出世界需要但尚未了解的产品。

三本书从三个维度告知了我们第三次工业革命的立体动态趋势，揭示了其核心规律：技术正在颠覆传统世界，经济社会运行范式的重大变革正在汹涌而来。

你准备好了吗？